101 Dinge,
die man über den ICE
wissen muss

Allgem
DEUTSCH

Claudia Franke | Michael Dörflinger

101 Dinge die man über den ICE wissen muss

Inhalt

Vorwort

Auch wenn es in der Öffentlichkeit zum guten Ton zu gehören scheint, über die Deutsche Bahn und deren Aushängeschild, den ICE, zu lästern, darf man nicht übersehen, dass die Bundesrepublik mit ihrem Hochgeschwindigkeitsverkehr auf Schienen über ein Fortbewegungsmittel verfügt, das in aller Welt bewundert wird – auch wenn sicherlich noch das eine oder andere Land noch mehr zu bieten hat. Angesichts verstopfter Autobahnen und der klimapolitischen Kritik an Inlandsflügen wird die Bedeutung des ICE in den kommenden Jahren stark zunehmen.

Dass der ICE ein technisch hochkomplexes Gebilde ist, steht außer Frage. Doch in den verschiedenen Baureihen die seit der Jungfernfahrt des ICE V 1985 eingeführt worden sind, gibt es zum Teil signifikante Unterschiede. Dieses Buch liefert die wichtigsten Informationen.

Wie faszinierend die Welt des ICE ist, kann man in diesem Band lesen. Er berichtet in 101 Kapiteln von vielen interessanten Geschichten, von wichtigen Informationen, von Rekorden und Kuriositäten rund um ein einzigartiges Verkehrsmittel. Dabei betrachten wir unser Objekt aus zwei Blickwinkeln, denn Claudia Franke ist als ICE-Triebfahrzeugführerin täglich in ihrem erklärten Lieblingszug unterwegs und Michael Dörflinger beschäftigt sich schon seit vielen Jahren mit der Eisenbahn in aller Welt.

Am Ende steht ein Werk mit vielen Facetten, bei dessen Lektüre wir allen Lesern viel Freude wünschen!

Augsburg im Sommer 2022

Claudia Franke und Michael Dörflinger

Schnellzüge in Deutschland

1 Die Vorläufer des ICE

Die Eisenbahn ermöglichte das Reisen mit Geschwindigkeiten, die man mit anderen Verkehrsmitteln nie erreicht hatte. Eine Reise, die vorher in der Kutsche oder auf dem Schiff mehrere Tage in Anspruch genommen hatte, konnte nun in Stunden unternommen werden. Den Fahrgästen eine möglichst hohe Reisegeschwindigkeit bieten zu können, lag im Interesse aller Eisenbahngesellschaften. Sie arbeiteten deshalb daran, schnellere Loks zu bauen und die Strecken für höhere Geschwindigkeiten zu ertüchtigen.

Experimentalfahrzeuge für hohe Geschwindigkeiten

Für Versuchsfahrten erteilte 1906 die bayerische Staatseisenbahn beim Münchner Lokomotivenhersteller Maffei den Auftrag zur Konstruktion einer Schnellzuglok: die S 2/6. Die Lok mit der Achsfolge 2'B2' besaß vier Zylinder und erzielte eine indizierte Leistung von ungefähr 1.620 Kilowatt. Auf der Strecke von München nach Augsburg erreichte sie eine Höchstgeschwindigkeit von 154,2 Stundenkilometern und war damit die schnellste Lok in Deutschland. Am 11. Mai 1936 schaffte es die 05 002, die Marke von 200 km/h zu übertreffen.

Ein anderer Versuch stammte vom Eisenbahnkonstrukteur Franz Kruckenberg. Er kam auf die Idee, seinen Triebwagen von einem Propeller antreiben zu lassen. Gemeinsam mit Hermann Föttinger, einem Ingenieur und Erfinderkollegen, gründete er die Flugbahn-Gesellschaft mbH in der

Am 23. Oktober 1903 überbot dieser Siemens-Elektrotriebwagen erstmals die magische Geschwindigkeit von 200 km/h: Genau 206,7 km/h bedeuteten einen fabelhaften neuen Weltrekord! Doch ein AEG-Triebwagen erreichte kurz darauf am 28. Oktober sogar 210,2 km/h. Noch ließ sich eine kommerzielle Nutzung allerdings nicht realisieren.

Bild: Siemens

Der Schienenzeppelin war ein Leuchtturmprojekt ohne kommerziellen Erfolg. Er prägte allerdings den Ruf Deutschlands als Land der Innovationen. Bild: Sammlung Michael Dörflinger

Absicht, ein Hochgeschwindigkeitsschienenfahrzeug zu bauen. Am 25. September 1930 war es soweit. Die erste Testfahrt konnte unternommen werden. Der »Flugbahnwagen«, wie er von den Konstrukteuren offiziell bezeichnet wurde, hatte eine Länge von 25,85 Metern. Als Antriebsquelle diente ein V12-Motor von BMW mit einem Hubraum von 46 Litern, der mit seinen 600 PS Leistung einen Heckpropeller zum Rotieren brachte. Wegen seines Aussehens und der unter der Verkleidung steckenden vergleichbaren konstruktiven Merkmale bekam das Fahrzeug den Spitznamen »Schienenzeppelin«. Bei einer Testfahrt erreichte der Schienenzeppelin am 21. Juni 1931 die Rekordgeschwindigkeit von 230,2 Stundenkilometern. Trotz dieses Erfolgs ging der Triebwagen nicht in Serie.

Wussten Sie schon?

Von der Baureihe 05 wurden nur drei Exemplare hergestellt. Die 1935 von Borsig gebaute Lok mit der Nummer 05 002 stellte mit 200,4 Kilometern in der Stunde einen Geschwindigkeitsweltrekord auf. Nach dem Zweiten Weltkrieg kamen die Maschinen zur Deutschen Bundesbahn. Sie wurden bereits 1958 ausgemustert.

Das Thema Stromlinie beherrschte in der ersten Hälfte des 20. Jahrhunderts den Schienenschnellverkehr. Nicht nur Dampfloks wurden nun gestromt, sondern auch Dieselschnelltriebwagen wie der »Fliegende Hamburger« aus den 1930ern. Sie erreichten im Einsatz bis zu 160 km/h.

Schnellverkehr im vereinten Europa

Am 2. Juni 1957 erlebte die Eisenbahn eine Sternstunde, als der Trans-Europ-Express seinen Verkehr aufnahm. Die Bahngesellschaften von Deutschland, Frankreich, Italien, Belgien, der Niederlande, Luxemburgs und der Schweiz hatten ein gemeinsames Projekt gestartet: Einen Dieselzugschnellverkehr zwischen wichtigen europäischen Großstädten.

Die DB suchte auch bei den Elektroloks nach Möglichkeiten für mehr Tempo. Zu diesem Zweck wurde die E 10 300 mit einem Gummiring-Kardanantrieb der Firma SSW ausgerüstet, der später bei der E 03 serienmäßig verwendet wurde. Die Fahrmotoren waren direkt in das Drehgestell eingebaut. Dadurch wurde die Laufleistung gleichmäßiger und ruhiger. Auf diese Weise konnten höhere Geschwindigkeiten gefahren werden, ohne dass die Passagiere beeinträchtigt worden wären. Am 22. November 1963 erreichte E 10 300 bei einer Versuchsfahrt die Geschwindigkeit von 200 km/h. Sie führte direkt zur berühmten Baureihe 103.

Triebwagen VT 11^5. Anstelle des DB-Logos stand damals TEE. Diese Dieseltriebwagen zogen den legendären Trans-Europ-Express. Bild: khv24/pixelio.de

103 136 kann man heute auf dem Abstellgleis des Bayerischen Eisenbahnmuseums in Nördlingen antreffen. Irgendwann soll sie wieder fahren. Bild: Sammlung Michael Dörflinger

Im Jahr 1961 erteilte die Bundesbahn den Auftrag zur Entwicklung einer Elektrolokomotive für den Reiseschnellverkehr. Sie sollte eine Nettoleistung von 5.000 Kilowatt und eine Höchstgeschwindigkeit von 200 km/h erbringen. Vier Jahre später wurden von Henschel und Siemens-Schuckert vier Vorserienexemplare der neuen Baureihe E 03, später 103, ausliefert. Anlässlich der Internationalen Verkehrsausstellung in München erreichten sie auf der Strecke Augsburg–München 200 km/h. Die Serienproduktion begann 1970. Die 103 wurde zum Flaggschiff der Deutschen Bundesbahn. 1973 wurde 103 118 mit einer speziellen Getriebeübersetzung versehen und absolvierte am 12. September desselben Jahres auf einer Schnellfahr-Versuchsstrecke zwischen Gütersloh und Neubeckum eine Fahrt, auf der sie 252,9 km/h erreichte. Am 14. Juni 1985 erzielte 103 003 mit 283 km/h einen deutschen Geschwindigkeitsrekord.

Die 103 war die wichtigste Lok für den ab 1971 verkehrenden InterCity. Mit ihm hatte die DB eine neue Ära des Schnellverkehrs eingeläutet. Mit den eher siffigen, alten und oft unpünktlichen Zügen gleichen Namens der Gegenwart hatte der InterCity wenig zu tun. Anfangs bot er nur eine erste Klasse und er verkehrte mit Geschwindigkeiten bis 200 km/h.

Der sehr anspruchsvolle Dienst führte zu einem schnellen Verschleiß der Loks. In den 1980ern übernahm die neue Baureihe 120 viele Aufgaben der 103. Ab 1996 löste die 101 die meisten noch verbliebenen 103er ab. Wegen

Die Henschel DE 2500 wurde als 202 003 zur Versuchslok für den Hochgeschwindigkeitsverkehr. Eine Seite erhielt eine Stromlinienverkleidung. Bild: alex26/CC BY-SA 3.0

der Entscheidung der DB für Triebwagen-ICE ist die 103 bis heute die leistungsstärkste deutsche Lok im Planeinsatz aller Zeiten.

Technologieträger UmAn-Lok

Der Prototyp mit der Technik, die später für die ICE-Triebköpfe verwendet wurde, war ein Umbau aus einer dieselelektrischen Lokomotive. Die beiden Hersteller BBC und Rheinstahl-Henschel hatten bis 1973 den Versuch unternommen, die Deutsche Bundesbahn von den Vorteilen des dieselelektrischen Antriebs zu überzeugen. In anderen Ländern, allen voran den USA, war diese Technik bei Dieselloks der Standard. Die drei Maschinen erhielten die Bezeichnung DE 2500. Doch die DB hielt an dieselhydraulischen Loks fest.

Nun hatte die Bundesbahn drei Maschinen, die sie nicht im Verkehr einsetzte. 202 003 sollte zu Versuchen herangezogen werden, mit denen man Erfahrungen für den Hochgeschwindigkeitsverkehr sammeln wollte. 1980 bekam sie den Führerstand und an einer Seite die stromlinienförmige Verkleidung der 103 sowie neue Drehgestelle. Der Name UmAn-Lok rührt von der steuerbaren Umkopplung der Antriebsmassen des vorderen Fahrmotors her. Bei höheren Geschwindigkeiten wurden die Fahrmotoren am Wagenkasten angelenkt. Dadurch wurden die ungefederten Massen reduziert. Die Folge waren deutlich bessere Laufeigenschaften. Bei Tests auf dem Rollprüfstand erreichte die UmAn-Lok bis zu 310 km/h.

Für die Entwicklung der ICE-Fahrzeuge hatte diese Technik eine besondere Bedeutung, denn dieses Prinzip sollte später bei den Triebköpfen des ICE wieder auftauchen. Drehstromloks werden heute nach den damals entwickelten Konstruktionen gebaut. Die UmAn-Lok kann heute im Technikmuseum Berlin besichtigt werden.

Die ersten Elektrotriebwagen der Bundesbahn

Als Alternative zum lokbespannten Zug gab die Deutsche Bundesbahn 1970 die Entwicklung von drei Prototypen eines Triebzugs für den Schnellverkehr in Auftrag. Beteiligt waren: Linke-Hofmann-Busch (LHB), Messerschmitt-Bölkow-Blohm (MBB) und die M.A.N. für den mechanischen Teil sowie Siemens, Brown-Boveri & Co (BBC) und die AEG für den elektrischen Teil. Die Endfertigung übernahm LHB.

1973 erfolgte die Auslieferung der drei Einheiten. Die Bundesbahn stellte sie als Baureihen 403 und 404 in Dienst. Sie traten ihren Intercity-Dienst mit dem Winterfahrplan 1974/75 an. Besonders auffällig war die Front der Triebwagen, die an einen Entenschnabel erinnerte. Die Maschinen besaßen eine Neigetechnik, allerdings nur höchstens zwei Grad. Wegen Klagen über Übelkeit wurde diese Technik im Regelbetrieb abgeschaltet. Nach ihrer Ausmusterung aus dem Intercity-Betrieb wurden die Triebwagen für verschiedene andere Aufgaben eingesetzt, zum Schluss als Lufthansa-Airport-Express in weiß-gelber Lackierung.

In den Farben der Lufthansa verkehrten die Züge der Baureihe 403/404 ab dem 28. März 1982 zwischen den Flughäfen Düsseldorf und Frankfurt am Main. Bild: Manfred Kopka/CC BY-SA 4.0

Ein Sonderweg ohne Fortune

Der Transrapid

2

Die Magnetschwebebahn zählte zu den Zukunftstechnologien und hätte eigentlich den Bahnverkehr revolutionieren sollen, als man sie in Deutschland Ende der 1960er-Jahre vorstellte. Es handelte sich um einen Zug, der nicht auf Rädern lief, sondern mit Hilfe von Magnetismus oberhalb der Fahrbahn schwebte.

Höhere Geschwindigkeiten, komfortableres Fahren, weniger Verschleiß: In der bundesdeutschen Wirtschaft und Politik herrschte Jubelstimmung. Doch es kam anders: Außerhalb von Teststrecken fand der Transrapid kein Einsatzfeld. Auch wenn sich der damalige bayerische Ministerpräsident Edmund Stoiber in einer noch heute viel belächelten Rede für eine eigene Transrapid-Trasse vom Münchner Hauptbahnhof zum Flughafen stark machte. Keines der geplanten oder angedachten Projekte sollte jemals realisiert werden.

Dies änderte sich, als man sich 2000 in China entschloss, die Großstadt Schanghai mit dem Flughafen Pudong zu verbinden. Dafür setzte man auf die Technologie des Transrapid. Anfang 2003 wurde der Regelbetrieb aufgenommen. Der »Shanghai Maglev Train« erzielt eine Höchstgeschwindigkeit von 501 Stundenkilo-

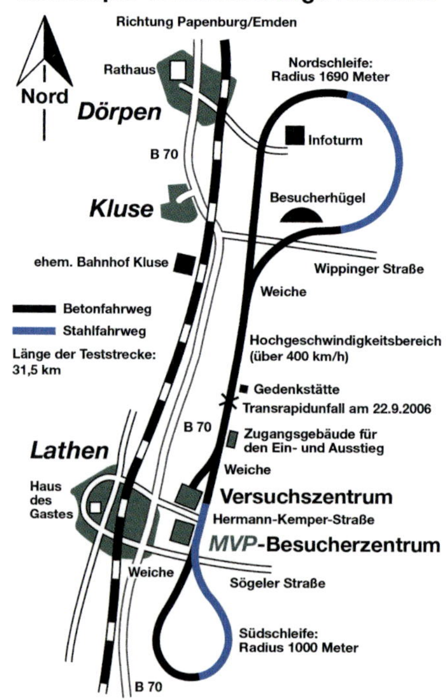

Die Versuchsanlage des Transrapid im Emsland ist heute touristisch ausgestaltet. Diese Abbildung zeigt die Strecke detailliert auf und zeigt auch die Stelle, an der sich 2006 der schreckliche Unfall ereignet hatte. Bild: Maximilian Dörrbecker/CC BY-SA 2.5

Am Terminal 2 des Münchner Flughafens ist das Transrapid-Infocenter zu finden. Bayern wollte eine Transrapid-Trasse von der Innenstadt zum Airport bauen. Bild: Jonas Zimmermann

metern und fährt auf der rund 30 Kilometer langen Strecke mit einer Betriebsgeschwindigkeit von bis zu 430 Stundenkilometern.

Gezeichnet von Rückschlägen und einer Katastrophe

Als in Schanghai 2004 die erste Schwebebahn der Welt im Regeldienst eröffnet wurde, zog das deutsche Pendant immer noch auf der 1983 errichteten Transrapid-Versuchsanlage Emsland seine Achterkurven. Inzwischen war bereits die achte Generation des Transrapid am Start. Der Transrapid 08 war das erste in Europa für den automatischen Betrieb zugelassene Hochgeschwindigkeitssystem.

Dann kam der schwärzeste Tag der deutschen Magnetschwebebahn. Am 22. September 2006 kamen bei einem Unfall auf einer Testfahrt 23 Menschen ums Leben. Das war der Anfang vom Ende. 2008 wurde der Traum begraben, mit ihm auch mehrere Millionen Mark und Euro. 2016 kam die Idee auf, zum neuen Berliner Flughafen einen Transrapid-Zubringer zu bauen. Im Ausland werden derzeit noch einige Projekte verfolgt. Bleibt abzuwarten, ob es andere besser machen. Angesichts der Finanzlage der meisten Staaten nach der Corona-Pandemie wird sich ein so kostenintensives Projekt wohl erst mal nicht realisieren lassen.

Hochgeschwindigkeitsverkehr

3

Weltweit immer schneller unterwegs

Wegen des wachsenden Autoverkehrs und sinkender Flugpreise verlor die Eisenbahn seit den 1960er-Jahren an Reiz. Wenn die Bahn mithalten wollte, musste sie schneller werden. Die Hochgeschwindigkeitszüge waren ein entscheidender Faktor, um die Attraktivität des Reisens auf der Schiene zu erhöhen. Schnellzüge wie der TEE oder der Intercity waren nicht mehr konkurrenzfähig. So ging man daran, neue Strecken zu planen, auf denen ein besonders schnelles Fahren möglich wurde.

Start des Hochgeschwindigkeitszeitalters

Japan war das erste Land, das ein Hochgeschwindigkeitsnetz ausbaute. Kurz vor Beginn der Olympischen Sommerspiele in Tokio eröffnete die japanische Staatsbahn eine 515,4 Kilometer lange Strecke zwischen Tokio und Osaka. Die Bezeichnung, die sich für die Züge durchsetzte,

Der chinesische Hochgeschwindigkeitsverkehr hat sich in einem atemberaubenden Tempo entwickelt. Hier verschiedene Baureihen. Bild: Sammlung Michael Dörflinger

Der deutsche ICE gehört zu den frühesten Hochgeschwindigkeitszügen der Welt. Er ist auch in den Nachbarländern unterwegs, so hier in der Schweiz. Bild: Sammlung Michael Dörflinger

war Shinkansen, was eigentlich »neue Hauptstrecke« bedeutet. Die frühesten Versuche mit Hochgeschwindigkeitszügen waren in Westeuropa unternommen worden. Mit dem TGV und dem ICE gingen Frankreich und Deutschland an den Start. Der Shinkansen verlor seine Auszeichnung als schnellster Zug der Welt am 26. Februar 1981, als ein TGV eine Geschwindigkeit von 380,4 km/h erreichte. Damit war das Wettrennen um den schnellsten Zug eröffnet. Die Rekorde purzelten.

Am 1. Mai 1988 raste der InterCityExperimental, aus dem dann der ICE entstehen sollte, zwischen Würzburg und Mottgers zu einem neuen Geschwindigkeitsweltrekord. 406,9 km/h zeigten die Messgeräte an.

Der Geschwindigkeitsweltrekord eines TGV

Bereits am 18. Mai 1990 wurde dieser Rekord pulverisiert. Mit dem V150 sollte der Führungsanspruch des TGV im Hochgeschwindigkeitsschienenverkehr untermauert werden. Der Name stand für »Vitesse 150«, womit eine beabsichtigte Geschwindigkeit von mindestens 150 m/s, also umgerechnet 540 km/h anvisiert wurde. Der Zug bestand aus zwei modifizierten Triebköpfen des TGV-POS 4402 und drei angetriebenen Mittelwagen. Durch zusätzliche Synchronmotoren wurde die Leistung von 9.300 auf 19.800 kW erhöht. Am 3. April 2007 erreichte der V150 eine schier unglaubliche Geschwindigkeit von 574,9 km/h. Dieser Weltrekord für ein zweispuriges Schienenfahrzeug gilt noch heute.

Lok oder Triebwagen?

4

Ringen um die neue Technik

Loks mit angehängten Wagen oder Triebwagen mit Mittelwagen? Tradition und Moderne kämpften lange gegeneinander. Der Erfolg der Baureihe 120 gab den Kräften Auftrieb, die sich für die Loklösung stark machten. Die Vorteile waren nicht von der Hand zu weisen. Ein Betrieb mit lokbespannten Garnituren bedeutete natürlich ein deutliches Plus an Flexibilität. Je nach Bedarf konnten mehr oder weniger Wagen angehängt werden. Immerhin war klar, dass die Hochgeschwindigkeitsstrecken mit elektrischem Oberleitungs-Fahrdraht betrieben werden sollten. Das war sehr sinnvoll, denn damit waren sie auch für andere Elektroloks verwendbar.

Im Ausland eindeutig Triebwagen

Das Scheitern des ET 403 warf die Befürworter der Triebwagenlösung zurück. Doch das Problem der ungünstigen Aerodynamik bei Lokomotive und Wagen war nicht zu lösen. Auch bei den Pionieren des Hochgeschwindigkeitsverkehrs in Japan und Frankreich war man mit Triebwagen sehr erfolgreich. So wurden Planungen für einen dreiteiligen

Im Rennen um den Verkehrsträger für die deutschen Hochgeschwindigkeitsstrecken hatte am Ende der Triebwagen die Nase vorn. Bild: Sammlung Michael Dörflinger

Sicher trug die Erfolgsgeschichte des TGV viel dazu bei, dass die Entscheider bei der Bundesbahn letztlich von der Lokomotive abgekommen sind. Bild: Joost J. Bakker/CC BY-SA 2.0

»Super-IC« vorangetrieben. Doch die Industrie arbeitete schneller als die Bundesbahn. Aus Frankfurt waren keine konkreten Zielvorgaben zu erhalten, weshalb ein bisschen ins Blaue hinein getestet wurde.

In Frankreich gedieh der TGV zu einem großen Prestigeprojekt. Doch was noch besser war: Der Hochgeschwindigkeitsverkehr erwies sich als rentabel. Dem standen die hohen Kosten der zu bauenden Hochgeschwindigkeitsstrecken und die Entwicklungskosten der Fahrzeuge gegenüber.

Die Entwicklung bei der Bundesbahn

Erst 1978 stellte die DB einen Anforderungskatalog für ein künftiges Hochgeschwindigkeitsfahrzeug vor. Das Konzept wurde dahin gehend weiterentwickelt, dass ein Zug mit zwei symmetrischen Triebköpfen vorgesehen war, den ein Mess- und fünf Demonstrationswagen ergänzen sollten. Bei den letzteren wurde der Rotstift angesetzt, dem schließlich vier Wagen zum Opfer fielen.

Medienwirksam sollte das 150-jährige Bahnjubiläum im Jahr 1985 als Datum für die Vorstellung eines eigenen Hochgeschwindigkeitszuges genutzt werden. Die Bahn stellte nun auch geeignete Teststrecken zur Verfügung. Damit zeigte sich die Industrie jetzt wieder stärker interessiert. Ein gutes Geschäft bahnte sich an. Dank finanzieller Beteiligung der Bundesbahn wurden drei Mittelwagen möglich. Der jetzt fünfteilige Zug trug intern den Namen »R/S-VD«.

Der ICE V – Die Elektrik

5

Das Antriebskonzept der Baureihe 120

Als der erste ICE-V-Triebkopf 1983 fertig gestellt wurde, war seine Ausstattung zum damaligen Zeitpunkt gegenüber anderen Fahrzeugen weit voraus. Durch die Verwendung von Verbundwerkstoffen, Mikroprozessoren und Leistungselektronik sowie einem neuen Informationssystem im Zug war er lange der modernste Technologie-Erprobungsträger für die Serienfertigung der nachfolgenden Hochgeschwindigkeitszüge.

Das Antriebskonzept

Im Fokus der Entwickler standen hierbei das Antriebskonzept sowie die hohe Belastung der Fahrmotoren bei allen zukünftigen Mess- und Erprobungsfahrten. Das Antriebskonzept wurde nahezu komplett von der damals noch recht neuen Baureihe 120 übernommen. Durch dieses Antriebskonzept konnte der ICE V mit zwei Triebköpfen und drei Mittelwagen innerhalb von 500 Metern auf 100 km/h beschleunigen – innerhalb von nur 38 Sekunden. Für 200 km/h benötigte er 2,7 Kilometer oder 1,5 Minuten und für 300 km/h 12,5 Kilometer in knappen vier Minuten.

Der ICE V am 20. Oktober 1985 in Nürnberg Hbf. Bild: Matthias Maier

Am 20. Oktober 1985 entstand dieses Foto des ICE V während einer Messfahrt zwischen Nürnberg und Hannover. Bild: Matthias Maier

Jeder Triebkopf besaß zwei Triebdrehgestelle mit jeweils zwei vierpoligen Drehstrom-Asynchron-Fahrmotoren. Der Läufer des Motors war als einfacher Käfigläufer mit massiven Kupferstäben gebildet. Der Motor konnte somit mit dauernd 950 kW belastet werden – statt der 700 kW, die durch die Industrie vorgegeben wurden. Die Maximalleistung jedes Motors war mit 1.078 kW bemessen.

Betrieben wurde er mit einer dreiphasigen Motorvordrossel. Diese Drossel begrenzte die Oberschwingungsströme, verursacht durch den Stromrichterbetrieb. Ab einer Geschwindigkeit von 235 km/h war diese Vordrossel nicht mehr nötig und wurde überbrückt. Für die Speisung des Motors stand aus der Drehstromsammelschiene eine maximale Spannung von 2.200 V mit einer Frequenz zwischen 0 und 130 Hz zur Verfügung. Durch die hohe Belastung und Leistung der Fahrmotoren musste auch eine Fremdkühlung der Motoren und Motorvordrosseln gewährleistet sein. Dafür befanden sich im Triebkopf vier Fahrmotorlüfter, wie später auch im ICE 1 und ICE 2.

Als Stromabnehmer wurde der DSA 350-S in Leichtbauweise entwickelt, der für den universellen Einsatz auf Alt- und Neubaustrecken geeig-

Am 2. Juli 1987 ist der ICE V auf der Gemündener Maintalbrücke unterwegs. Im Mai 1988 hatte er hier seine Weltrekordfahrt. Bild: Matthias Maier

net war. Durch rechnerische Simulationen und ausgiebige Tests im Windkanal konnte die Aerodynamik so gegenüber Vorgängermodellen deutlich verbessert werden.

Hilfsbetriebe für die kleinen Verbraucher im Triebkopf

Für die kleinen Verbraucher im Triebkopf kann die Spannung nicht direkt vom Transformator direkt abgegriffen werden. Hierfür sind die Hilfsbetriebe-Umrichter (HBU) vorgesehen. Dafür gab es zwei Wicklungen am Transformator mit 885 V und 200 V. Die Hilfsbetriebe waren an der 885-V-Wicklung angeschlossen.

Im ICE V gab es davon zwei statische Umrichter. Der erste HBU versorgte dabei eine Dreiphasen-Sammelschiene mit variabler Spannung (bis 440 V) und Frequenz (bis 60 Hz). Über diese Schiene wurden Lüfter und Ölkühler versorgt. Der zweite HBU versorgte eine zweite Schiene mit konstanter Spannung von 440 V und fester Frequenz von 60 Hz, um verschiedene Ölpumpen zu versorgen. An der 200-V-Wicklung waren Batterieladegerät sowie Hilfswechselrichter angeschlossen.

Elektronisches Diagnosesystem und Lichtwellenleiter

Absolut neu bei einem Bundesbahn-Fahrzeug war das von MBB entwickelte fahrzeuginterne und elektronische Diagnosesystem »DIAS«. Dieses System war über ein Datenbussystem mit den Komponenten des Gesamtsystems verknüpft. Die im Triebkopf angeordneten Diagnose-, Anzeige- und Bedieneinheiten (ABE) erfassten die Steuerkommandos, Messdaten und Betriebszustände aller angeschlossenen Komponenten, die über Terminals ausgelesen wurden. »DIAS« erkannte Störungen im gesamten Zug, meldete, registrierte die Störungen, zeigte sie an und identifizierte die Fehler genauer. Für jeden Betriebszustand gab es eine Ebene, von der Fahrt bis hin zur Instandhaltung.

Über optische Lichtwellenleiter waren alle Stationen im Zug miteinander verbunden. Ein Ein- und Ausgaberechner leitete dabei die Signale weiter an die Antriebs- und Bremssteuergeräte, den Diagnoserechner und an die Schnittstelle zur 110-V-Ebene. Die in den Triebköpfen doppelt ausgeführten Antriebssteuergeräte (ASG) verarbeiteten die in der Zugsteuerung gebildeten Sollwerte für die Zug- und Bremskraft. Die Bremse überwachte sich selbst. Bei Ausfällen wurden weiter noch verfügbare Bremsen zum Ausgleich der fehlenden Bremskraft hinzugenommen. Reichte dies nicht aus, wurde von der Zugsteuerung der Geschwindigkeitssollwert selbsttätig zurück genommen.

Entertainment für die Fahrgäste

Auch beim ICE V wurde auf den Service im Zug viel Wert gelegt, das FIS entstand. Dies geschah optisch durch Wagenlaufdisplays außen. Hier wurden die Zuggattung sowie die Zugnummer, Wagennummer, Zugname und der Laufweg angezeigt. Die Wagenlauf-Displays im Innenraum des ICE V befanden sich – wie bei den nachfolgenden Generationen, im Einstiegsbereich. Über den Zugbahnfunk konnte der Zugbegleiter die Fahrgäste informieren. Da nur im Demowagen 1 die sogenannten Blaupunkt-Platzmodule eingerichtet wurden, wurden in den anderen Mittelwagen Lautsprecheranlagen installiert. Ferner gab es ein zuginternes BTX-Informationssystem.

Ein Rufsystem für Zugbegleiter sowie ein Wertkarten-Bord-Funktelefon gehörten ebenso zur Ausstattung. In der Lounge des ICE V konnten Video-Programme empfangen werden. Bei Testfahrten konnte die auf dem Triebkopf installierte Kamera zugeschaltet werden.

Der ICE V – Die Mechanik

6 Aerodynamik und Design im Zusammenspiel

Der ICE V war in den 1980er-Jahren optisch definitiv ein Hingucker. Das Design war klar, sauber und auch etwas kräftig, aber auch durchgehend wie aus einem Guss. Umfangreiche rechnerische Untersuchungen und Simulationen führten letztendlich zu dieser Gestaltung der Triebköpfe. Die Oberflächenbeschaffenheit der Fahrzeuge stand hierbei besonders im Fokus. Verschiedene Erfahrungswerte aus der Luft- und Raumfahrt flossen in den Entstehungsprozess des neuen Zuges mit ein.

So gehörte die absolut ebene und geschlossene Außenhaut zu einem der wichtigsten Merkmale, wobei die Fenster als durchgehendes Fensterband bündig eingeklebt wurden; eine Technik, die sich bis zu den späteren ICE-Generationen fortsetzte. Die geringe Fahrzeughöhe und die besondere Kopfform sorgten für einen geringen Luftwiderstand, der naturgemäß besonders beim Hochgeschwindigkeitsverkehr eine große Rolle spielt. Dadurch werden Windgeräusche vermieden und der Druckwellenstoß bei Zugbegegnungen ist möglichst gering. Zudem kann der Energieverbrauch durch einen geringen Fahrwiderstand gesenkt werden. Selbst bei den Wagenübergängen setzte man auf ein geschlossenes bündiges System mit höherem technischen Aufwand, um Luftverwirbelungen zu vermeiden.

Höckerbleche, Stahl und Aluminium

Bei der Entwicklung und Konstruktion arbeiteten die Firmen Henschel, Krauss-Maffei und Krupp zusammen, Federführend hierbei war Krupp. Bevor es an die Fertigung ging, wurde in München die Kopfform als Holzmodell gefertigt. Mit diesem »Dummy« konnten Schablonen für das Biegen der Gerippespanten aus Abkantprofilen hergestellt werden.
Die mechanische Fertigung beider Triebköpfe konnte im Jahr 1985 bei Thyssen-Henschel in Kassel sowie Friedrich Krupp in Essen fertig gestellt werden. Beide Köpfe wurden in Stahl-Leichtbauweise gefertigt. Die gewünschte Struktur des Fahrzeugkastens wurde dabei durch die Finiten-Element-Methode ermittelt.

Der geschweißte Hauptrahmen der Triebköpfe ist mit den Seitenwänden fest verschweißt worden. Diese Seitenwände wurden als Höckerplatten ausgeführt. Die besondere Form der Bleche ist ein Ergebnis aus dem Rad-Schiene-Forschungsprogramm. Vorteile dieser Höckerbleche sind eine Ge-

Der ICE V am Mühlbergtunnel bei Gemünden im Juli 1987. Bild: Matthias Maier

wichtseinsparung und sehr große Festigkeit. Das Dach der Triebköpfe besteht größtenteils aus Aluminium, lediglich im Bereich der Hochspannungsausrüstung wurde auf Aluminium verzichtet. Die Dachsegmente sind einzeln abnehmbar, um die technischen Ausrüstungskomponenten im Triebkopf von oben mit einem Kran austauschen zu können. Die selbsttragenden Wagenkästen bestehen aus Aluminium, sie wurden aus Strangpressprofilen in Schweißbauweise gefertigt. Der komplette Rohbaukasten eines Mittelwagens wog dabei nur 6.500 Kilogramm bei einer Länge von etwas über 24 Metern.

Das durchgehende außenhautbündige Fensterband wurde in einen Aluminium-Rahmen eingeklebt und beides mit dem Rohbau verschraubt. Um eine stärkere Wärmeeinstrahlung von außen zu verhindern, wurde die äußere Scheibe aus Verbundsicherheitsglas metallbedampft. Im Inneren konnte der Fahrgast Jalousien an den Fenstern elektromotorisch herunter lassen.

Messerschmitt-Bölkow-Blohm (MBB) wurde mit der Entwicklung und dem Bau der Mittelwagen beauftragt. Der Rohbau der drei Mittelwagen erfolgte bei Duewag in Krefeld-Uerdingen, Linke-Hofmann-Busch in Salzgitter übernahm die weitere Ausrüstung. Die Endmontage erfolgte in Donauwörth bei MBB.

Außenhautbündiger Wagenübergang als Exot

Gummi-Rohrbälge konnten zugunsten der Aerodynamik sowie der Lärm- und Kälteabweisung nicht verwendet werden. So wurde beim ICE V eine auffällige Übergangslösung entwickelt. Diese wurde ebenso im Rahmen des Rad-Schiene-Forschungsprogramms entwickelt und bereits 1984 in zwei Messwagen der DB erprobt. Diese Konstruktion war sehr

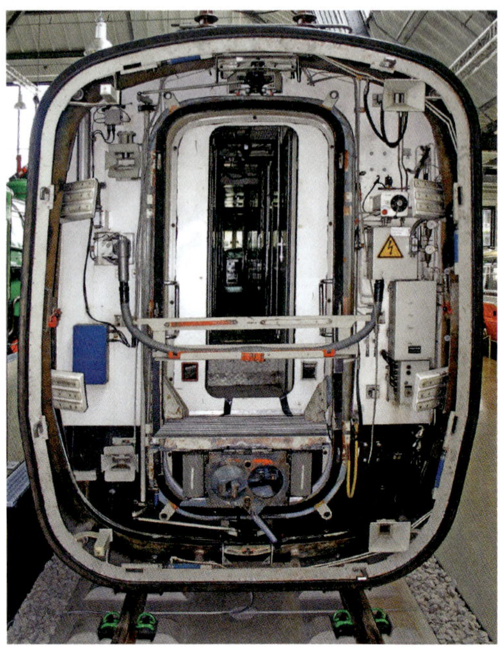

Im Deutschen Museum kann man den Wagenübergang des ICE V besichtigen. Bild: Claudia Franke

aufwendig und war durch geschwungene Dichtungen charakteristisch.

Im Untergestell und Dachbereich wurden hydraulische Dämpfer angebracht, die die relativen Bewegungen bei Schnellfahrten dämpfen sollten. Das Prinzip des Doppelkugelgelenks, bei dem die Wagenenden die Gelenkköpfe, das aus GFK hergestellte und teilbare Übergangselement die Kugelpfannen bildeten. Dieses Übergangselement konnte im Bereich der Kupplungsebene getrennt werden. Die Triebköpfe waren mit einer automatischen Scharfenbergkupplung ausgestattet.

Die Frontpartie der Triebköpfe bestand aus einem glasfaserverstärkten Kunststoff. Hinter dieser befand sich eine Notkupplung für Abschleppzwecke. Später wurde diese Frontpartie gegen Bugklappen ausgetauscht, die für die Baureihe 402 erprobt wurden und dort in Serienfertigung eingebaut wurden.

Die verschleißfreie lineare Wirbelstrombremse (WB) wurde erstmals beim ICE V eingebaut und getestet. Somit war er das erste Schienenfahrzeug weltweit mit einer WB-Bremse. Die Wirbelstrombremse beeinflusst allerdings die Leit- und Sicherungstechnik und den Oberbau, weshalb sie nach zahlreichen Tests in Serienfertigung erst beim ICE 3 ab dem Jahr 2000 verbaut wurde. Die WB des ICE V erbrachte eine Bremskraft von 150 kN.

Die Bremsanlage des ICE V besteht insgesamt aus der elektrodynamischen Netzbremse, der linearen Wirbelstrombremse sowie der pneumatisch gesteuerten Scheibenbremse. Das entwickelte Bremssystem erwies sich nach den Versuchsfahrten als sehr leistungsfähig. Auch die Lokführer schätzen dieses System, gerade bei Laubfall und nassen Schienen zeigte die Wirbelstrombremse eine gute Wirkung. Der Schnellbremsweg aus 200 km/h betrug somit 1.280 Meter, aus 300 km/h waren es 3.190 Meter.

7

Der ICE V – Drehgestelle

Drehgestelle für über 400 km/h

Für ein optimales Fahrverhalten im Höchstgeschwindigkeitsbereich musste ein tragfähiges Triebdrehgestell-Konzept her. Hauptsächlich ging es dabei um die größtmögliche Reduzierung der Drehgestell-Massen. Dafür wurde von Henschel das UmAn-Konzept entwickelt. Nach einer Vorerprobung unter einer Lok der BR 202 wurde diese Drehgestellbauart erstmals bei den ICE-V-Triebköpfen angewendet. Der Grundgedanke dabei ist, dass die Motor-Getriebeeinheit einseitig direkt am Wagenkasten aufgehängt ist und nicht, wie sonst üblich, im Drehgestellrahmen. Damit gehört ein Großteil des Gewichtes dieser schweren Komponente zu den voll abgefederten Fahrzeugmassen, was die dynamischen Kräfte zwischen Radsatz und Gleis auf ein Minimum reduziert.

Bei den Laufdrehgestellen wurden drei verschiedene Varianten entwickelt. Das Koppelrahmen-Drehgestell von MAN, bei dem die Sekundärfederung aus zwei Luftfedern bestand, auf der sich der Wagenkasten ohne Wiege abstützte. Zusätzliche seitliche Schlingerdämpfer sorgten für einen ruhigen Lauf auch bei hohen Geschwindigkeiten. Das Hochleistungs-Drehgestell stammt von MBB, fand aber nur als Erstausstattung kurzzeitig Anwendung im ICE V. Bei diesem Hochleistungsdrehgestell wurden als Material für den Drehgestellrahmen Faser-Verbundwerkstoffe eingesetzt. Damit wurde eine Gewichtseinsparung von rund 25 % erreicht. Mit diesem Drehgestell waren auf dem Prüfstand Geschwindigkeiten bis zu 500 km/h problemlos möglich.

Triebdrehgestell unter dem Triebkopf des 410 002. Bild: Claudia Franke

Das vom IC bekannte und weiter entwickelte MD 52-350 des Herstellers Waggon-Union mit Monobloc-Rädern und Schallabsorbern wurde unter zwei Mittelwagen eingesetzt. Federblatt-Radsatzlenker sind für die Radsatzführung verantwortlich. Die Primärfederung erfolgt durch Schraubenfedern und hydraulische Dämpfer, die Sekundärfederung durch Schraubenfedern. Am Drehgestellrahmen sind auch die Betätigungszylinder für die Wirbelstrom-Bremsmagnete aufgehängt.

Die Messwagen des ICE V

Spitzentechnologie im ICE

8

Der Messwagen des ICE V (810 003-4) war mitunter das Beste, was die DB zu bieten hatte. Im Messwagen kam vor allem die Mikroprozessortechnik der Firma MBB zum Einsatz. Die Messeinrichtung bestand aus den Bereichen Sicherheits-, Betriebs- und Untersuchungsmesstechnik mit insgesamt 600 Messgrößen. Dank dieser Daten konnte die nachfolgende ICE-Generation gut konzipiert und entwickelt werden.

Auf dem Dach des Messwagens wurde eine Videokamera installiert. Diese Videokamera, die 200 Bilder in der Sekunde aufzeichnete, diente eigentlich der Überwachung des auf dem anderen Triebkopf befindlichen Stromabnehmers. Aber auch in der Video-Lounge des ICE V konnte man bei Messfahrten alles über diese Kamera beobachten.

Die Klimaanlage stammt von den Firmen LUWA und MBB. Ein weiteres Sicherheitssystem stellten die automatischen Brandmelder im gesamten ICE V dar. Sie überwachten Fahrgast- und Vorräume, Toiletten, Schaltschränke sowie die Geräte in den Bodenwannen. Im Brandfall wurden die Klimalüfter abgeschaltet und die Schiebetüren an den Wagenübergängen verschlossen.

Nach Außerdienststellung des ICE V im Jahr 2000 gelangten der Triebkopf 410 001 und der Demowagen 810 001 als Denkmal auf das Gelände des FTZ Minden. Dort stehen sie bis heute und wurden im Jahre 2021 vor allem äußerlich komplett aufgearbeitet. Der Triebkopf 410 002 befindet sich mittlerweile im Deutschen Museum München, nachdem er einige Zeit lang in einer kleinen Halle abgestellt war. Die anderen beiden Mittelwagen 810 002 und 810 003 standen viele Jahre im AW Nürnberg abgestellt, sollten ins DB Museum überführt werden und wurden letztendlich wegen des schlechten Zustands verschrottet.

Triebkopf 410 001 und Mittelwagen 810 001 stehen als Denkmal bei DB Systemtechnik in Minden, heute mit optischer Aufarbeitung. Bild: Sammlung GeraMond

Der Vater des ICE V

9

Designerlegende Alexander Neumeister

Schon während seines Industriedesign-Studiums befasste sich Alexander Neumeister mit dem Hochgeschwindigkeitsverkehr auf Schienen. Diese Thematik sollte ihn nicht nur sein ganzes Berufsleben begleiten, sondern ihn auch berühmt machen.

Neue Maßstäbe im Design

Nach einem Studienaufenthalt in Tokio, wo er tief in die fernöstliche Lebenswelt eindrang, gründete er 1970 sein eigenes Designbüro, das seine ehemaligen Partner nach seinem Ruhestand heute noch führen. Es begann mit dem Design aller möglicher Gebrauchsgüter. Doch gleichzeitig hatte es Neumeister mit einem ganz anderen Kaliber zu tun: Die Firma MBB, bei der er schon vor seinem Studienabschluss an einem Projekt einer Magnetschwebebahn mitgearbeitet hatte, beschäftigte sich weiter mit dieser neuen Technologie, das in hohem Maß vom Bundesforschungsministerium gefördert worden war. Alexander Neumeister entwarf das Design für den Transrapid.

1999 stellte die Deutsche Post eine Briefmarke zu Ehren Neumeisters vor. Als Motiv verwendete man jedoch nicht den ICE sondern den Transrapid. Bild: Sammlung Michael Dörflinger

Damit qualifizierte er sich für den Auftrag, das Design des neuen Superzuges der Bundesbahn zu entwerfen, des ICE Experimental. Ihm gelang ein Äußeres, das bis heute ungemein beliebt ist und sich seitdem bei den ICE-Generationen hält. Später folgen zum Beispiel der ICE 3, und der ICE T, die Gestaltung der Talent- und Desiro-Baureihen, der japanische Shinkansen 500 oder Hochgeschwindigkeitszüge für China. Neumeister gestaltete auch Metros in seiner Wahlheimat Brasilien und die neuen U-Bahn-Garnituren seiner deutschen Heimat München. Seine Arbeiten wurden mit renommierten Preisen überhäuft. So bekam der ICE 3 den Bundespreis Produktdesign. Seit 2012 befindet sich Neumeister im wohlverdienten Ruhestand.

Die Jungfernfahrt des ICE V

Erste Schritte eines ganz Großen

10

1981 entwickelte Alexander Neumeister zusammen mit MBB ein Mock-Up des ICE, der dem damaligen Bahnvorstand vorgestellt wurde. Nach seinem Okay wurden die Entwicklungsarbeiten mit allem Nachdruck begonnen. Bereits im Oktober 1983 wurde der erste Triebkopf fertig gestellt, im darauf folgenden Jahr wurden Druckversuche durchgeführt.

Erste Probefahrten ohne Mittelwagen

Zuerst waren die beiden Triebköpfe fertig und sie wurden bereits zu Testzwecken auf die Strecke geschickt. Da sie zur Inbetriebnahme in das Bundesbahn-Ausbesserungswerk München-Freimann verlegt worden waren, erlebten sie am 2. Juni 1985 auf dem Münchner Nordring ihre erste Fahrt aus eigener Kraft. Die Mittelwagen wurden bei MBB in Donauwörth gefertigt. Dieses Werk war die ehemalige Waggon- und Maschinenbau

Am 27. April 1988 ist der ICE V auf seiner Stammstrecke zwischen Würzburg und Hannover unterwegs, hier bei Rohrbach. Bild: Matthias Maier

Die beiden Triebköpfe des InterCityExperimental bei einer Testfahrt am 27. August 1985 auf der Strecke Karlsfeld (b.München)–Olching. Bild: Marc Voß/CC BY-SA 3.0

GmbH Donauwörth (WMD), die 1971 von Bölkow übernommen worden war. Heute heißt das Werk Airbus Helicopters, eine Zeit lang vorher Eurocopter. Hierher waren die beiden Triebköpfe am 31. Juli 1985 gefahren, um die Mittelwagen in Empfang zu nehmen. Die komplette Garnitur des InterCityExperimental wurde an diesem Tag der Öffentlichkeit vorgestellt, neudeutsch wird das der Roll-Out genannt.

Premiere und Jubiläum

Es fehlten jedoch noch einige Bauteile, die nun eingebaut wurden, so dass eine Jungfernfahrt noch auf sich warten ließ. Ziel war es, das Jubiläum 150 Jahre Eisenbahn in Deutschland mit der ersten Fahrt eines deutschen Hochgeschwindigkeitszuges würdig zu feiern. Das wurde auch geschafft: Eine erste Publikumsfahrt führte den ICE V am 27. September nach Ingolstadt. Weitere Testfahrten folgten.

Am 26. November 1985 erfolgte auf der Strecke Bielefeld–Hamm die Jungfernfahrt, bei der eine Geschwindigkeit von 317 km/h erreicht wurde. Der Zug war mit Passagieren voll besetzt. Niemals zuvor hatte ein Personenzug die Marke von 300 km/h überschritten. Zur Einweihung also gleich ein erster Rekord. Am 1. Mai 1988 folgte dann der Weltrekord von 406,9 km/h. Nach der Jungfernfahrt machte sich der Zug auf zu einer Tour durch ganz Deutschland, bei der viele Menschen die Gelegenheit bekamen, den neuen Superzug erstmals zu sehen.

Der ICE 1 – Die Elektrik

11

Wie BR 120 und ICE V zum ICE 1 wurden

Bereits 1986 wurde das Lastenheft für die Serienfertigung der ICE-1-Triebzüge ausgegeben. Dieses sah die wesentlichen Anforderungen an die Industrie für den Bau der Züge vor, wie die hochwertige Ausstattung der Mittelwagen, breitere Fahrzeugkästen für mehr Komfort, selbstständiges Diagnosesystem, eine Höchstgeschwindigkeit bis zu 280 km/h und vieles mehr.

Der Antrieb des Zuges befindet sich in den beiden Triebköpfen. Die Verteilung der Antriebe auf wenige Achsen hat aber den Nachteil, dass hohe Steigungen bei ungünstigen Schienenverhältnissen nicht mehr sicher befahren werden können, da die Radsätze sonst durchdrehen. Deshalb kann ein ICE 1 auch nicht auf der Schnellfahrstrecke Köln-Rhein/Main eingesetzt werden. Der Triebzug hat die Besonderheit, dass er auch mit einem Triebkopf gefahren werden kann. Solche sogenannten Rumpfzüge kamen in der Vergangenheit öfters zum Einsatz, werden mittlerweile aber nicht mehr im Regelbetrieb eingesetzt.

Jeder Triebkopf besitzt vier fremdbelüftete Drehstrom-Asynchron-Motoren mit einer Leistung von jeweils 1.200 kW. Somit ergibt sich eine Gesamtleistung von 9.600 kW, was über 13.000 PS entspricht. Jeder Triebkopf muss seinen eigenen Stromabnehmer benutzen, da auf die Verlegung eines 15-kV-Hochspannungskabels durch den ganzen Zug verzichtet wurde. Als Stromabnehmer dient der DAS 350 SEK der Firma Stemmann. Der über den Fahrdraht ankommende Wechselstrom mit einer Spannung von 15 kV (Frequenz 16 2/3 Hz) wird mit

Geöffneter Stromrichter-Schrank im 401-Triebkopf. Bild: Claudia Franke

Hilfe der Leistungselektronik im Triebkopf in einen variablen Drehstrom umgewandelt.
Die erste Bauserie 401 001 ff. und 401 520 ff. wurde mit Frequenz-Thyristoren ausgeliefert und mittlerweile durch IGBT-Stromrichter von ABB umgebaut. Die zweite Bauserie ab 401 051 besitzt noch die ursprünglichen GTO-Thyristoren mit der hörbaren »Tonleiter« beim Anfahren. Doch auch diese Thyristoren sollen durch neue IGBT-Stromrichter von ABB nach und nach ersetzt werden, da sie wesentlich leichter, wartungsfreundlicher und leistungsfähiger sind.

Maschinenraum eines 401-Triebkopfs. Bild: Claudia Franke

Der Transformator besitzt vier Sekundärwicklungen zu je 1.430 V zur Speisung (über Stromrichter) der Fahrmotoren. Eine weitere Wicklung mit 1.000 V ist für die ZS vorhanden. Eine 880-V-Wicklung dient der Speisung aller drei Hilfsbetriebeumrichter für die Versorgung von Ölpumpen, Luftpressern und anderen Verbrauchern. Die 200-V-Wicklung versorgt unter anderem die Führerraumheizung und das Batterieladegerät des Triebkopfs.

HSM-Bremselektronik steuert die verschiedenen Bremssysteme und reguliert die Bremskraftaufteilung. Generatorische Bremsen, elektropneumatische Scheibenbremsen und Magnetschienenbremsen werden entsprechend den Vorgaben durch Bremssteller oder der automatischen Fahr- und Bremssteuerung geregelt.

Die Leittechnik im Zug wurde mittels Lichtwellenleiter realisiert, wie schon beim ICE V erprobt. Somit ist eine Steuerung beider Triebköpfe durch den kompletten Zug möglich. Jeder Triebkopf selbst besitzt dafür verschiedene Steuergeräte wie zum Beispiel das Antriebssteuergerät und das Zugsteuergerät. Als Diagnosesystem auf den Triebköpfen wurde »DAVID« entwickelt. Die Mittelwagen besitzen eigens entwickelte Diagnosesysteme »ZEUS« an den Wagenschaltschränken.

Der ICE 1 – Die Mechanik

12

»Buckelwagen« charakterisiert den ICE 1

Die Form des ICE 1 wurde gegenüber dem ICE V weitgehend beibehalten. Nur einige kleinen Änderungen mussten zugunsten der Aerodynamik vorgenommen werden. Dadurch, dass die Form des Triebkopfes schnittiger ist, ist der Leistungsbedarf durch einen geringeren Luftwiderstand als auch die Schallabstrahlung bei hohen Geschwindigkeiten minimiert worden. Zudem schluckt die optimierte Form der Triebköpfe auch die Ausbreitung von Druckwellen und den aerodynamischen Lärm. Die Triebköpfe wurden in Stahl-Leichtbauweise gefertigt, die »Nase« besteht aus glasfaserverstärktem Kunststoff. Auf einen aufwendigen Wagenübergang wie beim Erprobungsträger, dem ICE V, wurde nun verzichtet. Stattdessen wurden Doppelwellen- bzw. Faltenbälge als sichere Verbindung zwischen Triebköpfen und den einzelnen Mittelwagen eingebaut. Diese Verbindung wird mittels einer halbautomatischen Mittelpufferkupplung hergestellt, wobei die mechanische Verbindung mittels Schraubbolzen erfolgt. Zum Abschleppen befindet sich in den Triebköpfen eine Scharfenbergkupplung.

Äußerlich ist der ICE 1 nicht nur wegen seiner breiten Mittelwagen und der damit verbundenen sogenannten Lademaßüberschreitung auffällig. Besonders charakteristisch ist der »Buckelwagen«, der Speisewagen. Diese Gestaltung mit den Oberlichtfenstern im hochgewölbtem Dach, der damit einfallenden Helligkeit im gesamten Speisewagen in Kombination mit dem damaligen Design aus geschwungenem Holz fand großen Anklang beim

Das Bordrestaurant des 401 mit seinem erhöhten Dach. Bild: Claudia Franke

Publikum. Ein Aufenthalt machte das Reisen zu einem Erlebnis. Außerdem wurden im Dachbereich Klima- und Wasseranlagen untergebracht, da auf Einstiegsbereiche verzichtet wurde. Somit bietet sich im Inneren enorm viel Platz für Sitz- und Stehbereiche sowie eine großzügige Galley.

Bei den Drehgestellen lässt sich zwischen Triebdrehgestellen und Laufdrehgestellen unterscheiden. Die Triebdrehgestelle haben eine einfache Bauweise und zeichnen sich durch niedrige Wartungskosten aus. Fahrmotor und Zwischenradgetriebe sind größtenteils am Fahrzeugkasten aufgehängt. Über eine Zug-/Druckstange werden die Zugkräfte vom Drehgestellrahmen auf den Wagenkasten übertragen. Die Primär- und Sekundärfederung erfolgt mittels Schraubenfedern.

Solche sehenswerten Kombinationen sind bei einem 401 problemlos möglich, so hier in Nürnberg Hbf. Bild: Claudia Franke

Die Mittelwagen sind mit stahlgefederten Drehgestellen der Bauform Minden-Deutz 530 ausgestattet. Bei Betriebseinführung der Baureihe waren Monobloc-Vollräder verbaut worden, doch nach kurzer Zeit zeigte sich ein unangenehmes Vibrieren und Brummen, das sogenannte »Bistrobrummen«. Danach rüstete man die ICE 1 mit gummigefederten Rädern (Bauart 064) um. Sie bestehen aus einem Radreifen, der mit der Radscheibe verbunden ist. Der Reifen ist durch eine Gummi-Zwischenlage von der Radscheibe getrennt. Diese Räder brachten zwar eine schnelle Verbesserung, doch führten diese Räder zu dem ICE-Unglück in Eschede. Die Bahn reagierte sofort und tauschte kurz nach dem Unglück wieder alle gummigefederten Radreifen gegen die Monobloc-Räder aus, was jedoch einige Monate dauerte.

Der ICE 1 – Im Einsatz

13

Vom Dummyzug zur Lebensdauerverlängerung

Eigentlich war das Ende der ICE-1-Züge etwa ab 2020 vorgesehen. Doch sind die Triebzüge nach wie vor aufgrund ihrer Zuverlässigkeit und dem großen Platzangebot unverzichtbar. So entschloss man sich nicht für eine Ausmusterung der Züge, sondern für eine Lebensdauerverlängerung.

Doch wie begann der Einsatz des ICE 1? Zur Inbetriebnahme ab 1989 waren die Mittelwagen von der Industrie noch nicht geliefert worden. So musste auf ausgemusterte und für 200 km/h zugelassenen Liege- und Schnellzugwagen zurück gegriffen werden. Als Brems- und Angst-Lok kam meistens eine Baureihe 110 am Ende des Zuges zum Einsatz. Die Versuchsfahrten begannen in Opladen und gingen meist bis Bremen oder Bielefeld. Mit diesen »Dummy«-Zügen konnten die dringenden Testfahrten dann doch noch stattfinden.

Die ersten Einsätze

Im Februar 1991 wurde der ICE 1 dann der Öffentlichkeit vorgestellt, am 29. Mai 1991 kamen mehrere ICE-Triebzüge zur Sternfahrt zum neu eröffneten Bahnhof Kassel-Wilhelmshöhe zusammen. Der ICE-Verkehr startete offiziell am 2. Juni 1991. Die erste ICE-Linie war die Strecke von Hamburg nach München über Hannover, Fulda, Frankfurt, Stuttgart und Augsburg. Sie befuhren beide frisch in Betrieb genommenen Neubaustrecken Mannheim–Stuttgart und Hannover–Würzburg. Hierfür wurden 18 Triebzüge benötigt, 25 Triebzüge insgesamt standen bereits zur Verfügung.

1992 und 1993 erfolgte die Umstellung der IC-Linie zwischen Hamburg und Basel auf den ICE 1. 1993 fuhren die Züge bis Berlin. Der Einsatz im Ausland war bis nach Zürich, Interlaken und sogar Wien im Planeinsatz. Für den Einsatz bei der SBB hatten einige Triebzüge eine Schweiz-Ausrüstung mit dort verwendeten Zugbeeinflussungssystemen und entsprechenden Stromabnehmern. Mittlerweile ist der Einsatz dort nicht mehr vorgesehen und die SBB-Ausstattung wurde zurück gebaut.

Interessant ist auch der Einsatz des Ideen-Zuges Mitte der 1990er-Jahre. Zwei Triebzüge verkehrten täglich zwischen Stuttgart und Hamburg. Hier wurden einige Ideen ausprobiert, die zum Teil später in alle ICEs übernommen wurde. Der Am-Platz-Service und der Serviceruf-Taster über den Sit-

Der »30 Jahre ICE« erhielt an den Triebköpfen verschiedene Beklebungen wie seinen alten Farbstreifen aus früherer Zeit. Kassel, Oktober 2021. Bild: Claudia Franke

zen wurde damals übernommen, ebenso Handyverstärker. 1998 wurde bereits ein Internetzugang mit dem Namen »Onlinekiosk« eingerichtet, heute ist es das ICE-Portal mit Internetzugang für Jeden.

Mittlerweile verkehrt der ICE 1 auf allen möglichen ICE-Linien. Er bekam auch sehr kurzfristig das Zugbeeinflussungssystem ETCS von Alstom. Nach anfänglichen Schwierigkeiten fährt er seitdem auch über die Neubaustrecke über Erfurt bis nach Berlin.

Die nächsten Jahre

Nach dem ersten Redesign ab dem Jahr 2005 stand bis zur geplanten Ausmusterung 2020 eine Entscheidung an. Weil der ICE 1 nach wie vor unverzichtbar ist, wurde die Lebensdauerverlängerung (LDV) beschlossen. Sie beinhaltet kurz gesagt ein weiteres Redesign, bei dem die Fahrzeuge mit einem modernen Fahrgastinformationssystem ausgestattet werden. Die Wagen werden erneut komplett aufgearbeitet und neu ausgestattet. Die Triebzüge werden insgesamt verkürzt auf neun Mittelwagen. Mittelwagen, die einen schlechten Allgemeinzustand aufweisen, werden dabei ausgemustert und verschrottet. Die LDV-Züge sollen auf Taktlinien mit mittlerem Kapazitätsbedarf, als Entlastungszüge oder als ICE-Sprinter zum Einsatz kommen. Somit wird der ICE 1 noch bis mindestens ins Jahr 2030 verkehren.

DB
120 159-9

Im Juli 2018 wurden mit der 120 159 und einem verkürzten Triebzug mit 401 060/560 Messfahrten auf dem Münchner Nordring durchgeführt. Ziel war die Erprobung neuer IGBT-Stromrichter für die zweite Bauserie des ICE 1. Bild: Claudia Franke

Der ICE 1 in den USA

14

Eine Werbereise ohne Ergebnisse

Anlass für die ICE-Demofahrt war, dass Nordamerika wachsendes Interesse am städteverbindenden Personenverkehr mit Hochgeschwindigkeitszügen hohen Komforts hatte. Deshalb wollten Siemens und AEG ihre Technologie in Amerika präsentieren. Finanziert wurde die Werbetour von Siemens und AEG selbst, organisatorisch unterstützt wurde das Werbeprojekt von Amtrak und der DB AG. Die Fahrzeuge wurden für den Einsatz in den USA vorbereitet. Es musste unter anderem ein Umformsatz für die Netzspannung von 11 kV/25 Hz bereitgestellt werden.

Der ICE war vom 1. Juli bis zum 15. Dezember 1993 in Amerika. Am 29. Juli 1993 fand die ICE-Präsentation in Washington Union Station statt. Im August und September wurde der ICE den Amerikanern in einer Rundreise vorgestellt. Ziel dieser Tour war es, den ICE auch außerhalb des Nord-Ost-Korridors der Öffentlichkeit vorzustellen. Danach begannen die Vorbereitungen für den ICE als Metroliner. Er wurde zwischen Washington und New York eingesetzt. Am 4. Oktober startete der ICE zu seiner ersten Fahrt als Amtrak-Metroliner. Am 15. Dezember wurde der Einsatz des ICE mit einem großen Medienrummel beendet.

Die speziell in ICE-Farben lackierte US-Diesellok zieht den Amerika-Gast mit Amtrak-Aufschrift durch die Wüste bei St. Louis Obispo. Bild: Archiv GeraMond

ICE 1 – Bezeichnungen

15

Getaufte Züge

Am 31. Oktober 2002 wurde der erste Triebzug, ein ICE T, auf den Namen der deutschen Hauptstadt getauft. Hier eine Liste der getauften ICE 1.

Taufe	Triebzugnummer	Name
27.11.2002	187	Fulda
12.12.2002	176	Bremen
29.01.2003	185	Hildesheim
28.04.2003	155	Rosenheim
19.06.2003	119	Osnabrück
19.07.2003	161	Bebra
23.07.2003	184	Bruchsal
13.08.2003	120	Lüneburg
20.08.2003	153	Neumünster
25.08.2003	102	Flensburg
26.08.2003	105	Offenbach am Main
13.11.2003	178	Bremerhaven
04.02.2004	173	Timmendorfer Strand
10.02.2004	190	Ludwigshafen am Rhein
20.02.2004	104	Mühldorf a. Inn
20.02.2004	111	Nürnberg
20.02.2004	112	Memmingen
20.02.2004	115	Regensburg
03.03.2004	159	Bad Oldesloe
21.04.2004	109	Aschaffenburg
13.06.2004	154	Heppenheim/Bergstraße
18.06.2004	177	Basel
01.07.2004	116	Pforzheim
05.07.2004	152	Hanau
13.07.2004	101	Gießen
14.07.2004	158	Gütersloh
27.07.2004	108	Lichtenfels
04.09.2004	156	Freilassing
07.09.2004	110	Gelsenkirchen
30.09.2004	160	Mülheim an der Ruhr
19.10.2004	168	Crailsheim

04.11.2004	180	Castrop-Rauxel
24.11.2004	167	Rüdesheim am Rhein
19.05.2005	113	Frankenthal/Pfalz
09.06.2005	107	Itzehoe
14.06.2005	114	Friedrichshafen
28.06.2005	106	Plattling
06.10.2005	117	Hof
10.11.2005	162	Geisenheim/Rheingau
20.01.2006	174	Zürich
10.02.2006	107	Plattling
10.02.2006	106	Itzehoe
18.02.2006	167	Garmisch-Partenkirchen
21.03.2006	188	Rüdesheim am Rhein
12.09.2006	169	Worms
07.07.2007	157	Landshut
21.09.2007	172	Mülheim an der Ruhr
16.11.2007	183	Timmendorfer Strand
07.12.2007	181	Interlaken
20.12.2007	189	Castrop-Rauxel
08.02.2008	160	Flensburg
08.05.2008	182	Rüdesheim am Rhein
13.06.2008	188	Hildesheim
18.07.2008	185	Freilassing
22.08.2008	156	Heppenheim/Bergstraße
26.09.2008	154	Flensburg
28.10.2008	160	Mülheim an der Ruhr
20.03.2009	171	Heusenstamm
24.04.2009	166	Gelnhausen
26.05.2011	103	Neu-Isenburg
13.11.2013	180	Castrop-Rauxel
07.08.2014	182	Rüdesheim
23.02.2015	172	Aschaffenburg
21.03.2015	104	Fulda
21.03.2015	187	Mühldorf a. Inn
13.12.2015	186	Chur
03.06.2016	118	Gelnhausen
21.06.2016	177	Rendsburg
21.06.2016	173	Basel
20.08.2016	175	Nürnberg
29.04.2017	102	Jever
14.01.2022	182	Rüdesheim am Rhein

Der ICE 2 – Das Konzept

16

Der ICE für geringeres Verkehrsaufkommen

Bereits wenige Tage vor der Inbetriebnahme des ICE-Verkehrs am 2. Juni 1991 machten sich die Ingenieure der Bahn und Industrie Gedanken um den Nachfolger des ICE 1. Der Bedarf an weiteren Zügen zeichnete sich schon jetzt ab. Nachdem der ICE 1 so erfolgreich war, intensivierte man diese Gedanken und entwickelte den ICE 2 – jedoch mit einem etwas anderen Konzept.

Das Langzugkonzept sollte bestehen bleiben. Aber aufgrund des geplanten Einsatzgebiets auf den neuen ICE-Linien Berlin–Hannover–Köln und Berlin–Hannover–Bremen musste ein veränderbares Triebzugkonzept her. Eingehende Untersuchungen zeigten, das kürzere Zugeinheiten hier zu einer Verbesserung der Wirtschaftlichkeit führen würden. Außerdem gibt es dadurch mehr umsteigefreie Direktverbindungen.

Genau durchdachte Projektierung

So entstand der ICE 2 – ein Triebkopf, sechs Mittelwagen und ein nicht angetriebener und völlig neu entwickelter Steuerwagen. So konnte der Zuglauf an die von verschiedenen Faktoren abhängige Auslastung der Züge angepasst werden – durch kuppeln und entkuppeln. Die Überlegungen wurden intensiv geprüft, da eine Fehlentscheidung teurer gewesen wäre. Alle Anforderungen an das Nachfolgemodell des ICE 1 wurden bis November 1991 erfasst, bis Herbst 1992 entstand das Lastenheft. Am 21. Oktober 1992 konnte die Bahn die Ausschreibung starten.

In Anlehnung an den Flugverkehr wurde auch kurze Zeit über das Konzept des Steuerwagens nachgedacht. Es entstand die Idee »Quick Change«. Man überlegte, ob man einen Teil des Fahrgastraums ersetzen könne, um diesen als Gepäckraum oder Cateringmodul mit Küche und Kiosk nutzen zu können. Da es aber in der Konstruktion einige Probleme gab und man sich nicht eingehend mit dieser Idee beschäftigte, verwarf man sie wieder. Beim ICE 1 gab es später dann das Airrail-Abteil, wo ein Container mit Gepäck der Fluggäste untergebracht werden konnte.

Im August 1993 erklärte die Bahn ihre Kaufabsichten. Es folgten noch sehr harte Preisverhandlungen, ehe im Dezember 1993 die Verträge unterschrieben wurden. Im Vertrag war die spätere Lieferung weiterer 13 Züge sowie einer Option für 60 zusätzliche Züge mit Wandlungsrecht vereinbart. Diese wurden später dann für den ICE 3 genutzt, der zunächst als ICE

Kuppelvorgang beim ICE 2. Leider kommt es immer wieder zu Störungen. Bild: Claudia Franke

2.2 bezeichnet wurde. Es wurden 44 Züge bestellt, inklusive einem Ersatz-Steuerwagen 808 045 und zwei Ersatz-Triebköpfen (402 045/046). Die Triebköpfe waren auch mit dem ICE 1 kompatibel.

Auftragnehmer für die bestellten Züge war eine Arbeitsgemeinschaft. Bestehend aus AEG und Siemens sowie unter anderem ABB, Duewag, LHB, MAN und DWA. Verschiedene kleine Änderungen gegenüber dem ICE 1 wurden vorgenommen. 1998 gab es eine sehr interessante Demonstration. Im Rahmen des Eurotrain-Projekts wurden zwei Triebköpfe mit TGV-Duplex-Mittelwagen verbunden. Die Versuche, diese ICE-TGV-Kombination auf asiatischen Märkten zu verkaufen, scheiterten allerdings.

Achillesferse Kupplung

Das Kuppelkonzept zeigt sich bis heute hin und wieder als störanfällig. In den letzten Jahren gab es auch schon den Versuch, einen ICE-2-Langzug zu bilden. Dieser bestand aus zwei Triebköpfen und mehreren Mittelwagen, doch dieser Versuch wurde bisher nicht weiter umgesetzt. Ebenso sollten die Triebköpfe neue Stromrichter bekommen. Den Zuschlag erhielt der Hersteller Mitsubishi. Testfahrten erfolgten mehrere Jahre mit einem Triebzug und konnten nicht erfolgreich abgeschlossen werden. Im Moment ist die Zukunft des ICE 2 ungewiss, ein Umbau auf Langzüge und die Nachrüstung von ETCS ist teuer und es fehlen zum Teil Einbauerfahrungen gerade beim ohnehin schon wartungsintensiven Steuerwagen.

Der ICE 2 – Die Elektrik

17

Geringe Unterschiede zum Vorgänger

Da der ICE 2 zeitnah zu seinem Vorgänger entwickelt wurde, hat sich an der Elektrik nicht viel verändert. Der Antrieb bei einem Triebzug befindet sich in einem Triebkopf. Vier Drehstrom-Asynchron-Motoren mit jeweils 1.200 kW sorgen für den nötigen Antrieb. Anders als beim Vorgänger wurde der ICE 2 gleich GTO-Thyristoren mit Siedebadkühlung ausgestattet. Die Hilfsbetriebeumrichter sind etwas leistungsfähiger.

Die Versuchs-Stromrichter von Mitsubishi, die eine Zeit lang im Triebzug 220 »Meiningen« erprobt wurden.

Bild: Claudia Franke

Letztendlich war es bis vor wenigen Jahren noch möglich, einen 402-Triebkopf in einer ICE-1-Garnitur zu betreiben. Nachdem aber die Lebensdauerverlängerung der Baureihe 401 nun gestartet ist und die Triebköpfe auch mit ETCS ausgestattet wurden, ist ein solcher Einsatz von 402-Triebköpfen im ICE 1 nicht mehr vorgesehen.

Gleiches gilt für die Leittechnik und das Diagnosesystem. Diese sind dem ICE 1 gegenüber weitestgehend baugleich. Neu hinzu gekommen ist ein umfangreicheres Fahrgastinformationssystem mit Außendisplays an den Wagen. Mittlerweile bekommt auch der ICE 1 dieses umfangreiche System eingebaut.

Der ICE 2 – Die Mechanik

18

Der Kuppelbare mit der großen Schnauze

Im Aufbau der Wagenkästen gab es ein paar kleine Verbesserungen für Festigkeit, Gewichtseinsparung und Stabilität. Aber gegenüber seinem Vorgänger sind die Unterschiede in der Mechanik auch sehr gering. Der Speisewagen ist nun genauso hoch wie die anderen Mittelwagen, da Klimaanlagen und andere Geräte verbessert und im Inneren des Wagens untergebracht werden konnten.

Aufbau und Funktion der Kupplungen

Ein wesentlicher Unterschied zwischen ICE 1 und ICE 2 ist die Kuppelfähigkeit des ICE 2 und der neu entwickelte Steuerwagen. Für die Aufnahme der Kupplung und der Bugklappen musste eine Front entwickelt werden, die auch die große automatische Scharfenbergkupplung aufnehmen kann. Lüftungsgitter und Lichtsignale wurden weiter nach oben versetzt. Die Bugklappen, hinter denen sich die Kupplung versteckt, sind

Bei geöffneten Bugklappen sieht man die imposante Technik, die sich beim ICE 2 dahinter verbirgt. Bild: Claudia Franke

Mit entsprechender Kupplung kann ein ICE 2 auch von einer Köf geschleppt werden wie hier auf der Drehbank in München-Pasing. Bild: Claudia Franke

aus glasfaserverstärktem Kunststoff gefertigt und werden pneumatisch vom Führerstand aus betätigt. Im Störungsfall können diese mit etwas Aufwand auch manuell geöffnet werden.

Der Steuerwagen ist etwas länger als die Mittelwagen, hat einen Führerstand, einen kleinen Maschinenraum und einen Fahrgastbereich. Die Toilette, die sich anfangs noch im Steuerwagen befand, wurde beim Redesign ab 2010 ausgebaut.

Die Drehgestelle des ICE 2

Die Triebdrehgestelle wurden vom ICE 1 übernommen. Jedoch suchte man für die Mittelwagen eine neue Lösung, um das Bistrobrummen von Anfang an zu verhindern. Es fanden Tests mit sechs verschiedenen Drehgestelltypen von Herstellern wie zum Beispiel Siemens, Talbot und AEG statt. Die Wahl fiel letztendlich auf das SGP 400 der Firmen Simmering-Graz-Pauker AG (heute Siemens). Dieses Drehgestell ist nun luftgefedert, was einen spürbar verbesserten Fahrkomfort zeigt.

ICE 2 Baureihe 410

19

Versuchszug für den ICE 3

1997 wurde der ICE S der Öffentlichkeit vorgestellt, nachdem er zuvor von der Arbeitsgemeinschaft ICE 2 Siemens/Adtranz entwickelt worden war. Seine erste wichtige Aufgabe war die Erprobung für den heutigen ICE 3. Das neue Fahrzeugkonzept sah vor, dass Antriebe, Transformatoren und alle Rechner nun Unterflur unter dem kompletten Zug verteilt werden sollten.

Unterschiede zum Serien-ICE-2

Die beiden Triebköpfe mit den Nummern 410 101 und 410 102 waren zwar vom ICE 2 abgeleitet, haben jedoch eine andere Getriebeübersetzung erhalten, um hohe Geschwindigkeiten von 400 km/h fahren zu können. Die Beschleunigung war beachtlich, was durch insgesamt 13.600 kW Antriebsleistung möglich war. Bereits bei seiner Präsentationsfahrt im November 1997 erreichte der ICE S eine Geschwindigkeit von 313 km/h. Im Juli 2001 erreichte der »Schienensprinter« einen neuen Rekord mit 393 km/h. Der ICE S bestand damals aus drei Mittelwagen, wovon zwei als Stromrichterwagen mit Triebdrehgestellen liefen. Der dritte Wagen war antriebslos als Transformatorwagen eingereiht, hier waren auch die Wirbelstrombremsen angebracht.

Der 410 in seiner Konfiguration mit zwei Mittelwagen und dem Novo-Erprobungsträger, 2021 in München. Bild: Claudia Franke

Drehgestell eines ICE 3 mit Wirbelstrombremse unter dem ICE S, so gesehen auf der Innotrans des Jahres 2006. Bild: Claudia Franke

Auffällig war der gelbe Anstrich anstelle des ICE- Streifens. Nach Abschluss sämtlicher Versuchsfahrten für die Entwicklung des ICE 3 bis 1999 wurde der ICE S vorläufig abgestellt. Eine Wiederinbetriebnahme folgte nach Umbau einige Zeit später.

Im ICE S werden nach wie vor neue Technologien für den Hochgeschwindigkeitsverkehr getestet und zugelassen. Weiterhin verkehrt der Zug regelmäßig für Abnahme- und Inspektionsfahrten auf Schnellfahrstrecken. Dabei werden auch Stromabnehmer und Oberleitungslage überprüft. Dafür wurde eine Kamera inklusive Beleuchtung auf dem Dach angebracht. Die gemessenen Daten werden im Mittelwagen ausgegeben. Dafür stehen Arbeitsplätze für Mess- und Versuchsleiter ebenso zur Verfügung wie für die Fahrwegprüfung und das Zusammenwirken von Oberleitung und Stromabnehmer. Auch ist er nach einem entsprechenden Umbau für ETCS zugelassen. Der ICE S gilt seit 2015 als Referenzzug für ETCS und hat auf der VDE 8 nach Erfurt die Hochtastmessfahrten übernommen.

Die Grundeinheit des Messzuges besteht aus den beiden Triebköpfen und dem 810 101 als Messwagen. Wird die Schienensymmetrie gemessen, kommt zusätzlich der Wagen 810 102 dazu. Seit 2018 sieht man immer wieder mal auch einen besonderen Wagen im ICE S. Er hat ein etwas rundlicheres Design und eine blaue Beklebung von Siemens. Es handelt sich hierbei um einen Einzelwagenerprobungsträger von Siemens Mobility für das Projekt Velaro Novo. Dieses sieht Triebzüge vor, die zwischen 250 und 360 km/h fahren können, bis zu 30 Prozent weniger Energie verbrauchen und wesentlich leichter im Gewicht sind.

20 ICE 2 – Bezeichnungen

Getaufte Züge der zweiten Generation

Diese Namen werden den ICE 2 gegeben:

Taufe	Triebzugnummer	Name
12.11.2002	218	Braunschweig
15.11.2002	204	Bielefeld
18.11.2002	233	Ulm
20.11.2002	239	Essen
25.11.2002	206	Magdeburg
26.11.2002	226	Lutherstadt Wittenberg
07.12.2002	203	Cottbus/Chósebuz
12.12.2002	216	Dessau
17.12.2002	208	Bonn
13.01.2003	207	Stendal
19.03.2003	212	Potsdam
29.03.2003	244	Koblenz
21.06.2003	232	Frankfurt (Oder)
22.06.2003	234	Minden
01.07.2003	202	Wuppertal
09.07.2003	240	Bochum
19.07.2003	219	Hagen
05.08.2003	228	Oldenburg (Oldb)
30.08.2003	209	Riesa
27.09.2003	214	Hamm (Westf.)
03.10.2003	223	Schwerin
03.12.2003	235	Görlitz
06.12.2003	241	Bad Hersfeld
27.03.2004	221	Lübbenau/Spreewald
04.05.2004	242	Quedlinburg
11.05.2004	231	Brandenburg an der Havel
02.06.2004	243	Bautzen/Budyšin
19.06.2004	224	Saalfeld (Saale)
17.07.2004	215	Bitterfeld
31.07.2004	205	Zwickau
21.08.2004	227	Ludwigslust
09.10.2004	230	Delitzsch
07.07.2005	238	Saarbrücken

09.07.2005	217	Bergen auf Rügen
01.10.2005	220	Meiningen
15.10.2005	201	Rheinsberg
18.03.2006	210	Fontanestadt Neuruppin
25.03.2006	229	Templin
28.04.2007	236	Jüterbog
12.05.2007	222	Eberswalde
01.12.2007	213	Nauen
30.08.2008	211	Uelzen
25.10.2008	237	Neustrelitz
27.06.2009	228	Altenburg
27.06.2009	225	Oldenburg (Oldb)
25.07.2009	215	Bitterfeld-Wolfen

21 Der ICE 3 – Die Elektrik

Das Flaggschiff für die Expo 2000

Der ICE 3 besitzt ein völlig anderes Konzept als seine Vorgänger. Sämtliche Antriebe sind unter dem kompletten Triebzug Unterflur angeordnet und er besitzt eine zugelassene Höchstgeschwindigkeit von 330 km/h. Dies machte auch einige technische neue Entwicklungen, die zuvor im ICE S erprobt wurden, nötig.

Außerdem gibt es eine Mehrsystem-Variante als Baureihe 406 für das Ausland wie Frankreich und Belgien. In Serie gegangen ist auch die Wirbelstrombremse, die für den Betrieb auf der Schnellfahrstrecke Köln-Rhein/Main mit ihren starken Gefällen von großem Nutzen ist.

Das neue Antriebskonzept

Der Triebzug verfügt über zwei voneinander unabhängige Traktionsanlagen mit einer Gesamt-Nennleistung von 8.000 kW bei 200 Metern Zuglänge. 16 vierpolige Asynchron-Fahrmotoren mit je 500 kW befinden sich in einem Triebzug. Die Traktionsanlagen sind jeweils über drei Wagen Unterflur verteilt und bilden eine Traktionseinheit: Transformatorwagen, Stromrichterwagen und der Endwagen. Die Transformatorwagen sind mit jeweils einem Stromabnehmer DSA 380 D für Deutschland ausgerüstet. Sie sind direkt mit einer Hochspannungsleitung, welche im Dach der Wagen verlegt wurde, verbunden.

Der Dachgarten auf einem ICE 3 mit Stromabnehmer, Hauptschalter, Dachleitungstrenner und weiteren Komponenten. Bild: Claudia Franke

Durch diese Hochspannungsleitung kann der gesamte Zug über einen Stromabnehmer versorgt werden. Im Falle einer Störung ermöglichen zwei Dachtrennschalter auf den Transformatorwagen die Trennung der Dachleitung. Beim Ausfall einer Traktionseinheit bleibt die andere voll funktionsfähig. Ist der Trennschalter gestört, können beide Traktionseinheiten über ihre eigenen Stromabnehmer voll weiterbetrieben werden.

Am 12. Oktober 2018 brannte auf der Schnellfahrstrecke Köln-Rhein/Main ein ICE 3 aus. Ein Ermüdungsbruch einer Stange innerhalb des Transformators sorgte während der Fahrt für Reibungen an der Windungsisolation, ein Kurzschluss war die Folge. Der Gasdruck im Kessel des Trafos steigt immer weiter, ein Großteil des Öls, welches zur Kühlung dient, entweicht durch eine geborstene Buchse und entzündet sich bei einem erneu-

Wussten Sie schon?

Das System SIBAS 32 dient zur Steuerung aller wesentlichen Fahrzeugfunktionen. Über 100 dieser Mikroprozessorsysteme werden in einem Zug miteinander vernetzt und betrieben. Zur Leitebene zählen unter anderem die Komponenten zentrale Steuergeräte, Bremssteuergeräte, Ausgangsstromrichter, maschinentechnische Displays im Führerstand, die LZB sowie die Rechner in den einzelnen Mittelwagen wie Türrechner, Klimarechner usw.

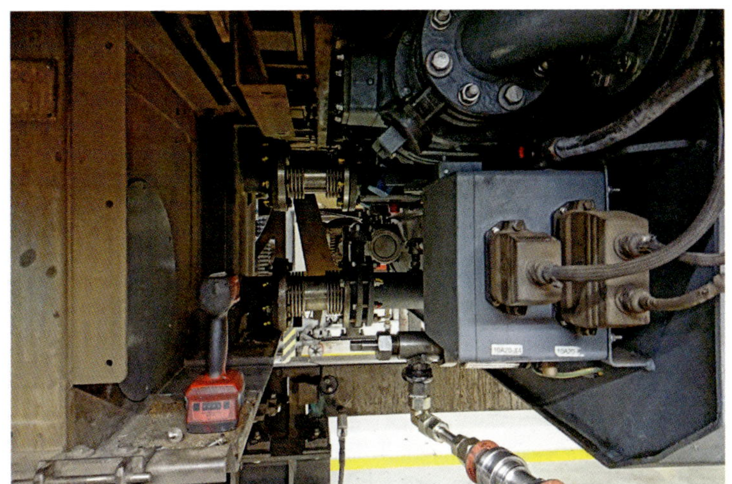

Ein Blick auf den Trafo im Unterflurbereich. Bild: Claudia Franke

ten Kurzschluss. Der Brand des Trafowagens beginnt. Die enorme Hitzeeinwirkung lässt den Wagenkasten aus Aluminium fast komplett zerschmelzen. Schwer verletzt wurde dank des schnellen Handelns aller Beteiligten niemand. Der Sachschaden ist enorm. Nach diesem Zwischenfall wurde das Trafoöl sämtlicher ICE-3-Züge einer Ölfiltration unterzogen, danach folgte ein sukzessiver Wechsel des Trafoöls mit höherem Flammpunkt sowie Rollkuren aller Transformatoren.

Leittechnik und Diagnosesystem

Die Leittechnik übernimmt alle Steuer-, Überwachungs- und Diagnosefunktionen im Zug bzw. Zugverband. Das TCN (Train Communication Network) des ICE 3 besteht aus einem Fahrzeugbus MVB und dem Zugbus WTB. MVB steht für Multi Vehicle Bus und WTB für Wire Train Bus. Während der MVB-Bus die Verbindung zwischen den Wagen eines Triebzuges herstellt, verbindet der WTB-Bus alle Traktionseinheiten und Endwagen.

Wichtiges Herzstück ist die Diagnose. Hierzu führen alle Subsysteme im Zug für ihren Bereich eine vollständige Diagnose durch. Meldungen werden sortiert nach dem Aufgabenbereich unter Angabe von möglichen Abhilfemaßnahmen. Das Instandhaltungspersonal in den Werken erhält die Störungsmeldungen über Daten-Fernübertragung. Zudem sind diese Meldungen an Service-Schnittstellen auslesbar.

22 Der ICE 3 – Die Mechanik

Die schmale Kopfform der »Spitzmaus«

Der Rohbau der Wagenkästen des ICE 3 entspricht fast denen des ICE 2. Ein wesentlicher Unterschied besteht allerdings, da beim ICE 3 die Antriebskomponenten unterhalb des Bodens angeordnet wurden und höhere Lasten getragen werden müssen. Die Kopfform der Endwagen ist sehr spitz zulaufend, besonders verstärkt und erforderte einen recht komplexen Aufwand bei der Herstellung der Profile. Strangpressprofile wurden in einem sehr anspruchsvollen Streck-Zieh-Verfahren bei Premium Aerotec in Nordenham sphärisch gebogen. Verschweißt wurden sie dann in Nürnberg.

Nicht nur die Frontscheiben, auch die Seitenscheiben sind gewölbt. Ein Hersteller aus Belgien übernahm die Produktion. Nach der Fertigstellung eines Rohbaukastens wurden diese mit Holzverschalungen abgedichtet und »aufgeblasen«, wodurch die Druckdichtigkeit überprüft wird. Die Kopfspitze inklusive Bugklappen besteht aus GFK. Diese Spitze lässt sich mit Hilfe von Stiftschrauben und selbstsichernden Muttern an der Frontplatte befestigen und ist jederzeit austauschbar, beispielsweise nach einem Unfall.

Die Endwagen des ICE 3 besitzen Scharfenbergkupplungen (Schaku). Diese Kupplungen ermöglichen ein selbsttätiges mechanisches Kuppeln. Dabei fährt ein Triebzug mit einer Geschwindigkeit zwischen 0,6 und 2 km/h auf den stehenden Triebzug auf. Sofort werden alle elektrischen Leitungen, Busleitung sowie Luftleitungen verbunden.

Durch die sehr spitz zulaufende Kopfform musste die Kupplung »versteckt« werden. Beim Kupplungsvorgang wird der Kupplungskopf etwa 20 Zentimeter durch eine pneumatische Steuerung nach vorne gefahren. Der Entkupplungsvorgang kann vom Führerstand aus getätigt werden. Im Notfall können die Bugklappen und die Kupp-

Der Wagenübergang Unterflur besteht aus verschiedenen elektrischen Leitungen und der Kurzkupplung.

Bild: Claudia Franke

Das mechanische Kuppeln eines ICE 3 mit einem ICE 2 ist durch die selbe Höhe der Scharfenbergkupplungen möglich. Bild: Claudia Franke

lung per Hand bedient werden. Der Übergang zwischen den einzelnen Wagen erfolgt über einen nicht teilbaren Doppelwellenbalg und eine Gliederbrücke der Firma Hübner. Für die Reisenden ist ein ebener Übergang auch während der Zugfahrt möglich.

Das Flügelkonzept für flexibleren Verkehr

Seit der Inbetriebnahme des ICE 2 erprobte die DB das Flügelkonzept. Nach anfänglichen Schwierigkeiten beim Kuppeln der Züge in Hamm weitete man das Konzept aus. Die Bahn ließ dabei auch durch die Industrie prüfen, ob man ICE 2 mit ICE 3 kuppeln kann. Zwar besaßen beide Züge eine Scharfenbergkupplung. Man hätte beide Züge mechanisch kuppeln können. Jedoch war die Leittechnik beider Züge dermaßen unterschiedlich, das man sich etwas einfallen lassen musste. Die Industrie kam auf die Idee, eine Art »Umsetzer« in den ICE 2 einzubauen. Jedoch hätte dies rund eine Million DM je Zug gekostet. Außerdem ist der ICE 2 nicht für den Einsatz auf der Schnellfahrstrecke (SFS) Köln-Rhein/Main (KRM) ausgelegt, sodass man von dieser Idee wieder abgewichen ist.

Das Kuppeln von 403 mit 411 ist mechanisch jederzeit möglich. Eine Zeit lang funktionierte es sogar auch auf der elektronischen (leittechnischen) Ebene und 403 und 411 erkannten sich beide gegenseitig, ebenso hätte ein ICE TD der Baureihe 605 gekuppelt und gesteuert werden können.

Der ICE 3 – Drehgestelle

23

Der Achsbruch in Köln 2008 und die Folgen

Aufgrund des Triebwagenzug-Konzepts und der erhöhten Geschwindigkeiten bis zu 330 km/h und den damit verbundenen höheren Anforderungen an den Fahrkomfort wurde die Drehgestellkonzeption weiter verfeinert. Bei der Entwicklung mussten deshalb die Punkte Höchstgeschwindigkeit bis zu 363 km/h, Schwingungsverhalten, Schallabkopplung sowie eine kostengünstigere und effektive Instandhaltung beachtet werden. Bei der Suche nach dem optimalen Drehgestell wurde zunächst auf das Laufdrehgestell aus dem ICE 2 und das Koppelrahmen-Drehgestell Erprobung ICE V zu Grunde gelegt. Die Drehgestellentwicklung erfolgte letztendlich durch Siemens SGP und Adtranz in Zusammenarbeit mit der DB AG.

Nur kleine Unterschiede

Die Trieb- und Laufdrehgestelle sind weitgehend baugleich. Die Sekundärfederung besteht aus zwei Luftfedern je Drehgestell. Die Schlingerdämpfung erfolgt über jeweils zwei paarweise angeordnete Dämpfer, die am Drehgestellrahmen und über eine am Wagenkastenlangträger angeschraubte Konsole befestigt sind. Die Laufdrehgestelle der Baureihen 403 und 406 unterscheiden sich in der Anzahl der Wellenbremsscheiben auf jeder Achse. Die Laufdrehgestelle sind zudem mit linearen Wirbelstrombremsen ausgerüstet.

Ansicht eines Triebdrehgestells. Sie sind an den Radscheibenbremsen zu erkennen. Triebdrehgestelle besitzen keine Wirbelstrombremsen, da hier die Fahrmotoren angebracht sind. Bild: Claudia Franke

Radsatz eines Triebdrehgestells mit achsreitendem Getriebe. Bild: Sammlung GeraMond

Die Triebdrehgestelle beider Baureihen sind baugleich. Sie verfügen über jeweils zwei fremdbelüftete und innengekühlte Drehstrom-Asynchronmotoren, die fest an einem Hilfsrahmen montiert sind. Die Verbindung vom Motor zum Getriebe erfolgt über eine Bogenzahnkupplung.

Der Bruch der Treibradsatzwelle 2008

Am 9. Juli 2008 entgleiste ein ICE 3 von München kommend im Vorfeld des Kölner Hauptbahnhofs. Ursache war der Bruch einer Treibradsatzwelle. Verletzt wurde niemand, da der Zug mit einer geringen Geschwindigkeit auf dem Weg in Richtung Hohenzollernbrücke war. Doch bereits während der Fahrt auf der Schnellfahrstrecke nach Köln, wo Geschwindigkeiten bis zu 300 km/h gefahren werden, bemerkten Fahrgäste auffällige laute Geräusche. Untersuchungen zufolge war die Achse bereits auf der Schnellfahrstrecke gebrochen. Sofort wurden noch am selben Tag alle ICE-3-Züge, deren letzte Ultraschall-Untersuchung länger her war, aus dem Verkehr gezogen und untersucht. Die Intervalle für diese Untersuchung wurde letztendlich auf 30.000 Kilometer verkürzt, fast die komplette Flotte stand damals still. Ursache für den Bruch war eine Materialverunreinigung. Die Umrüstung auf neu hergestellte Radsätze inklusive Neuzulassung für jeden Triebzug dauerte bis 2019 an.

24 ICE 3 – Bezeichnungen

Städte und Regionen

Baureihen 403, 406 und 407:

Taufe	Baureihe	Triebzugnr.	Name
19.11.2002	403	337	Stuttgart
21.11.2002	403	332	Augsburg
28.11.2002	403	303	Dortmund
15.12.2002	403	311	Wiesbaden
10.01.2003	403	304	München
22.01.2003	403	330	Göttingen
23.01.2003	403	310	Wolfsburg
29.01.2003	403	301	Freiburg im Breisgau
02.07.2003	403	322	Solingen
03.07.2003	403	328	Aachen
10.07.2003	403	318	Münster (Westf.)
15.07.2003	403	317	Recklinghausen
22.07.2003	403	316	Siegburg
08.10.2003	403	319	Duisburg
05.11.2003	403	305	Baden-Baden
21.11.2003	403	321	Krefeld
22.11.2003	403	334	Offenburg
27.11.2003	403	336	Ingolstadt
20.02.2004	403	302	Hansestadt Lübeck
20.02.2004	403	331	Westerland/Sylt
15.04.2004	403	325	Ravensburg
02.09.2004	403	307	Oberhausen
22.09.2004	403	313	Treuchtlingen
17.05.2006	403	351	Herford
17.09.2006	403	312	Montabaur
02.11.2006	403	314	Bergisch Gladbach
15.09.2007	403	324	Fürth
10.11.2007	403	326	Neunkirchen
19.04.2008	403	335	Konstanz
10.05.2008	403	358	St. Ingbert
07.06.2008	403	315	Singen (Hohentwiel)
21.06.2008	403	309	Aalen
10.07.2008	403	323	Schaffhausen

29.11.2008	403	361	Celle
06.06.2009	403	333	Esslingen am Neckar
20.06.2009	403	359	Leverkusen
30.11.2010	403	331	Westerland
29.03.2011	403	352	Mönchengladbach
18.06.2011	403	360	Linz am Rhein
16.09.2011	403	362	Schwerte (Ruhr)
18.09.2011	403	327	Siegen
06.06.2015	403	353	Neu-Ulm
27.06.2015	403	308	Murnau am Staffelsee
25.07.2015	403	355	Tuttlingen
26.09.2015	403	354	Mittenwald
29.05.2016	403	320	Weil am Rhein
09.06.2017	403	333	Goslar
11.06.2017	403	357	Esslingen am Neckar
21.06.2017	403	331	Westerland/Sylt
26.06.2017	403	363	Weilheim i. Obb.
28.06.2021	403	306	Nördlingen
04.11.2002	406	4610	Frankfurt am Main
20.11.2002	406	4605	Würzburg
09.12.2002	406	4612	Montabaur
09.12.2002	406	4611	Düsseldorf
10.12.2002	406	4609	Köln
08.01.2003	406	4607	Hannover
24.02.2003	406	4603	Mannheim
20.03.2003	406	4652	Arnhem
06.10.2003	406	4651	Amsterdam
24.01.2004	406	4606	Limburg an der Lahn
16.09.2004	406	4613	Schwäbisch Hall
13.04.2006	406	4682	Köln
17.07.2006	406	4680	Würzburg
17.09.2006	406	4612	Forbach-Lorraine
08.11.2006	406	4683	Limburg an der Lahn
20.01.2007	406	4684	Forbach-Lorraine
28.04.2007	406	4685	Schwäbisch Hall
28.11.2016	406	4604	Brüssel/Bruxelles
22.05.2019	406	4601	Europa/Europe
17.02.2020	406	4602	Euregio Maas-Rhein
01.06.2017	407	4717	Paris
02.12.2019	407	4712	Dillingen a.d. Donau

Die Baureihe 406

25

Der erste ICE-Mehrsystemer für das Ausland

Die Baureihe 406 oder auch als ICE 3M bezeichnet, ist die Mehrsystem-Variante des ICE 3 und wurde ab 1997 gebaut. Es ist der erste ICE für das Ausland gewesen, der Traum des damaligen »ICE-M« wurde endlich Realität. Insgesamt existierten 17 Fahrzeuge, die Niederländische Staatsbahn NS hatte vier Triebzüge gekauft.

Prinzipiell ist er der deutschen Variante des ICE 3 gleich. Für den Einsatz im Ausland sind jedoch weitere Stromabnehmer, Zugbeeinflussungssysteme und Anlagen für den Betrieb in Gleichstromnetzen (DC) nötig. Insgesamt besitzt er sechs Stromabnehmer. Zwei zum Betrieb im Wechselspannungsnetz der DB und NS sowie vier weitere Stromabnehmer für Belgien, Frankreich und die Niederlande. Die Systemumschaltung erfolgt manuell von einem Display im besetzten Führerstand aus. Der Lokführer kann zwischen folgenden sechs Systemen wählen:

15kVACDB
15kVACSBB
25kVACNS
25 kV AC SNCF und SNCB
1,5 kV DC verstärkte Ausführung NS
3 kV DC verstärkte Ausführung SNCB

403 gekuppelt mit einem 406 der NS. Bild: Claudia Franke

406 051, erster ICE für die NS, am 10. Februar 2000 bei Messfahrten auf der Güterumgehungsbahn Hannover-Limmer. Bild: Christian Stolze

Der Haupttransformator verfügt über eine verstärkte Wicklungsisolation aufgrund möglich höherer Spannungen. Er wird ebenfalls mit Mineralöl gekühlt. Von den Stromabnehmern wird die Energie über den Hauptschalter zum Haupttransformator geführt. Jeder Trafo verfügt über jeweils zwei Sekundärwicklungen für 1.103 V und 331 V bei 15 kV Netzspannung oder 2 x 337 V bei 25 kV Netzspannung. Alle Sekundärwicklungen sind mit zusätzlichen Abgriffen für den 25-kV-Betrieb vorgesehen. Ein Systemumschalter schaltet in Abhängigkeit des gewählten Stromsystems entweder auf volle Windungszahl (15 kV) oder reduzierte Windungszahl (25 kV).

Die Fahrzeuge sind mit ETCS ausgerüstet. Nachdem er die Zulassung für Frankreich verlor, wurde die Frankreich-Ausstattung der ICE 3 MF (Mehrsystem Frankreich) zurück gebaut und durch ETCS ersetzt. Von den sechs ICE-3-MF-Fahrzeugen existieren derzeit noch fünf Stück. Ein Triebzug (Tz 4681) wurde 2010 bei einem Unfall mit einem Müllwagen so stark beschädigt, dass er letztendlich ausgemustert wurde.

Eine Zukunft für die Baureihe 406 gibt es derzeit nicht. Durch die zahlreichen Systemumschaltungen sind die Anlagen sehr störanfällig geworden. Nach Frankreich verkehrt schon seit Jahren die Baureihe 407. Mit dem Einsatz der neuen Baureihe 408 soll der 406 abgestellt werden. Lediglich ein Fahrzeug erhielt bisher das Redesign, es ist der Triebzug 4651, der sich im Besitz der NS befindet.

26 ICE 406 im Ausland

Anfängliche Euphorie, doch dann ...

Mit dem Traum, einen ICE ins Ausland fahren zu können, stiegen auch die Erwartungen. Insbesondere an den Einsatz nach Frankreich waren die Erwartungen hoch, von Frankfurt bis nach Paris fahren zu können. Die DB brauchte allerdings lange Zeit, um ein Marketingkonzept für diesen Verkehr zu finden. Man bekundete zwar die Absicht, fünf zusätzliche Mehrsystemzüge für Frankreich zu bestellen, doch es kam nie zu einem Auftrag. Erst als schon klar war, dass die Fahrzeuge auf der LGV Est européenne ab 2007 verkehren sollen, wurden vorhandene Mehrsystem-Züge für Frankreich umgebaut, die heute unter den Triebzug-Nummern 4680 – 4685 geführt werden.

Der Umbau begann 2005, doch kam es beim Start der LGV zu Engpässen mit dem ICE 3MF. Der Umbau sowie die Zulassungsfahrten waren langwierig und teuer. Es kam anfangs zu Fahrzeugstörungen. So musste ein Ersatzverkehr mit TGV-Zügen gefahren werden, was kein gutes Marketing für den deutschen ICE war. Letztendlich konnte er sich im täglichen Betrieb nicht pünktlich behaupten, die ICE 3 MF erreichten trotz einer gefahrenen Geschwindigkeit von 320 km/h Paris oft unpünktlich.

Erst einige Zeit später bemerkte man, dass man der französischen Offensivstrategie entgegen treten müsse, indem man 30 international einsetzbare ICE-Züge beschaffen wollte. Ausgeschrieben wurden 2007 letztendlich bis zu 15 Viersystem-Züge auf Basis des ICE 3, die Baureihe 407 war somit geboren. Seit der 407 ab 2016 nach Frankreich verkehren kann, wurden die ICE 3 MF mit ihrer Frankreich-Ausstattung mit ETCS ausgestattet, um weiterhin in die Niederlande und Belgien fahren zu können. Durch den Umbau verlor er die Zulassung für Frankreich.

Weitere Einsätze nach London, Schweiz und Österreich

Mit dem ICE nach London, als direkter Konkurrent zum Eurostar, war damals das Ziel. Im Oktober 2010 wurden dafür Evakuierungsübungen im Eurotunnel mit dem 406 unternommen, eine Präsentation des ICE 3 in London fand am 19. Oktober 2010 statt. Doch letztendlich wurde für dieses Vorhaben erst der neue 407 in Betracht gezogen, der Auftritt des 406 in London war ein einmaliger Einsatz.

Ende 1999 gab es mehrere Messfahrten mit 406 nach Österreich. Die Zulassung für Österreich sollte im Jahr 2000 erfolgen. Jedoch war auch der

Oben: So sah der Führerstand eines für Frankreich zugelassenen 406 vor dem Rückbau aus. Unten: Der blaue Europa-406 bei Haspelmoor im Juli 2021. Bilder: Claudia Franke/ Kai-Uwe Thormann

Einsatz des 403 nach Österreich angedacht. Beide Vorhaben sind jedoch nicht weiter verfolgt worden.

Für den Einsatz in der Schweiz waren ebenso separate Zulassungen erforderlich. Anfang 2000 und 2001 unternahm man einige Tests mit einem Mehrsystem-ICE, so wurde auf der Gotthard-Südrampe beispielsweise das Befahren von engen Bögen untersucht. Die Schweizer waren zufrieden und der Zug bekam seine Zulassung für die SBB. Diese wurde allerdings aus verschiedenen Gründen nie genutzt.

Oben: In München ist der 407 regelmäßig im Einsatz. Unten: In Hannover war er im Mai 2021 zu Schulungszwecken mehrere Wochen im Einsatz. Hier ist er in Hannover Hbf zu sehen. Bilder: Claudia Franke / Christian Stolze

ICE Baureihe 407

27

Der neue ICE 3 aus der Velaro-Plattform

Die neue Velaro-Plattform von Siemens hat bereits in den Jahren ab 2007 verschiedene Hochgeschwindigkeitszüge für Spanien, China, die Türkei und Russland entwickelt. Sie sind dort sehr erfolgreich im Planeinsatz und haben mehrere Millionen Kilometer zurückgelegt. Siemens hat mit der Velaro-Plattform und über 400 gebauten Zügen zurecht einen der erfolgreichsten Hochgeschwindigkeitszüge weltweit auf den Markt gebracht.

Werksbezeichnung Velaro D

Der Velaro D ist für Deutschland entwickelt worden und sollte schon ab 2011 zum Einsatz kommen. Erste Ausschreibungen wurden 2007 veröffentlicht, der Vertrag mit Siemens über 15 Züge kam im Dezember 2008 zustande. Insgesamt wurden 16 Velaro-D-Fahrzeuge an die DB geliefert, da man sich aufgrund des verunfallten 406 für eine Nachlöse-Option entschieden hatte.

Die ersten fertig gestellten Wagen konnten auf der Innotrans 2010 in Berlin dem Fachpublikum vorgestellt werden. Erste Versuchsfahrten begannen im Januar 2011 im Siemens-Prüfcenter in Wegberg-Wildenrath. Der geplante Einsatz verschob sich auf frühestens 2012. Es kam zu Lieferverzögerungen beim Hersteller Ansaldo, dieser lieferte das französische Zugsicherungssystem. Das Eisenbahn-Bundesamt erteilte im Sommer 2012 grünes Licht und so konnte der Vorlaufbetrieb gestartet werden.

Probleme verzögern den Start

Die Stimmung hellte sich auf und man war optimistisch, doch noch zum Dezember 2012 den Betrieb aufnehmen zu können. Leider traten im Betrieb massive Probleme auf bei der Doppeltraktion und verzögerter Bremswirkung und im Bereich der Klimatechnik. Siemens musste nachbessern und somit verfielen bisher erteilte Zulassungen erneut. Die DB verweigerte dann die Übernahme der Fahrzeuge, bis die Mängel behoben wurden. Letztendlich schoben sich alle Beteiligten die Schuld gegenseitig in die Schuhe. Seit Dezember 2013 ist er nun zugelassen und in Deutschland unterwegs. Im Juni 2015 erhielt er die Zulassung für den Einsatz in Frankreich und steuert seitdem Paris an.

Technisch gesehen ist der 407 keine Innovation, doch mussten aktuelle neue und verschärfte Normen an Brandschutz und Anforderungen der TSI

(Technische Spezifikationen für die Interoperabilität) erfüllt werden. Da Siemens nun im Alleingang seine Velaro-Plattform betreibt, mussten bisher fremde Anbauteile neu konstruiert werden.

Optisch fällt der 407 durch seine gedrungene Kopfform auf. Er hat viel mehr ein rundliches Gesicht und Bugklappen, die sich wie ein Maul horizontal öffnen und eine teleskopierbare Kupplung überflüssig machten. Er bekam deshalb den Spitznamen »Karpfen« oder »Pacman«. Dachaufbauten und Drehgestelle sind nun der Aerodynamik wegen besser verbaut und verkleidet.

Andere Drehgestelle

Im 407 wurden verbesserte und weiterentwickelte Drehgestelle des Typs SF 500 verbaut, die bis 400 km/h erprobt sind. In den End- und Stromrichterwagen sind Triebdrehgestelle mit je zwei Fahrmotoren vorhanden, in den Trafo- und Mittelwagen wurden Laufdrehgestelle eingebaut.

Diese Drehgestelle bieten höchsten Fahrkomfort. Die Radsatzwellen besitzen Hohlbohrungen für die Instandhaltung zum Ultraschall. Nach TSI sind auch verschiedene Sensoren zur Überwachung erforderlich, wie beispielsweise die Heißläuferüberwachung oder die Antriebslagerüberwachung.

Motorisierung, Brandschutz, Einsatz

16 über den kompletten Zug verteilte Drehstrom-Asynchronmotoren zu je 500 kW erbringen eine Nennleistung von 8.000 kW pro Triebzug. Für den AC- und DC-Betrieb sind unterschiedliche Hochspannungsanlagen installiert. Im AC-Betrieb werden die Traktionsumrichter vom Trafo versorgt. Die zulässige Geschwindigkeit beträgt hier 320 km/h. Im DC-Betrieb werden die Stromrichter über Netzfilter direkt von der Oberleitungsspannung versorgt. Somit ist eine Höchstgeschwindigkeit von 220 km/h möglich. Insgesamt gibt es vier Antriebsanlagen in einem Triebzug, zwei pro Traktionseinheit. Die Stromabnehmer sind von der österreichischen Firma Melecs, insgesamt besitzt ein 407 ganze sechs Stromabnehmer.

Der Führerstand des 407 wirkt sehr modern und aufgeräumt. Bild: Claudia Franke

Ebenso gefordert war ein neues Brandschutzkonzept. Der Zug besitzt eine Brandmeldeanlage (BMA) sowohl Unterflur als auch in den Fahrgasträumen. Insbesondere in den Toiletten sorgen heimlich rauchende Reisende öfters mal für das Auslösen einer Brandmeldeanlage, und somit einen Zwischenfall, der vor allem aus betrieblicher Sicht ein fest gelegtes Prozedere nach sich zieht.

Der 407 verkehrt planmäßig in Deutschland hauptsächlich zwischen dem Ruhrgebiet über Frankfurt bis München und galt bisher dennoch als Exot, wenn er einmal woanders auftauchte. Nur ein paar hundert Lokführer besitzen aktuell Ausbildung auf dieser Baureihe. Doch dies ändert sich mit der Inbetriebnahme der Baureihe 408.

ICE 3neo Baureihe 408

Was der neue ICE 3neo alles kann

28

Im August 2019 schrieb die Deutsche Bahn einen neuen Hochgeschwindigkeitszug aus. Er sollte 300 km/h bis 320 km/h schnell sein, das Auftragsvolumen betrug bis zu 90 Triebzüge. Sie sollten mit der Baureihe 407 kuppelbar sein. Mit dieser Ausschreibung wollte man den schnell wachsenden Hochgeschwindigkeitsverkehr Rechnung tragen. Im Juli 2020 erhielt Siemens den Auftrag über zuerst 30 Triebzüge, basierend auf der Velaro-Plattform und als Mehrsystem-Variante. Im Februar wurde bekannt, dass die DB noch weitere 43 Triebzüge dieser Baureihe nachbestellt hat. Die Baureihe 408 oder auch ICE 3neo genannt, ist eine Weiterentwicklung des 407 und soll komplett bis Ende 2026 ausgeliefert worden sein.

Derzeit im Vorlaufbetrieb

Der erste planmäßige Einsatz soll ab Dezember 2022 auf der Neubaustrecke Ulm–Wendlingen sein, der Zug verkehrt dann auf der Relation Dortmund–Frankfurt–Nürnberg–München sowie Dortmund–

Der seit 2022 verkehrende ICE 3neo erreicht eine Höchstgeschwindigkeit von 320 km/h im Plandienst. Bild: DB AG/Volker Emersleben via Siemens

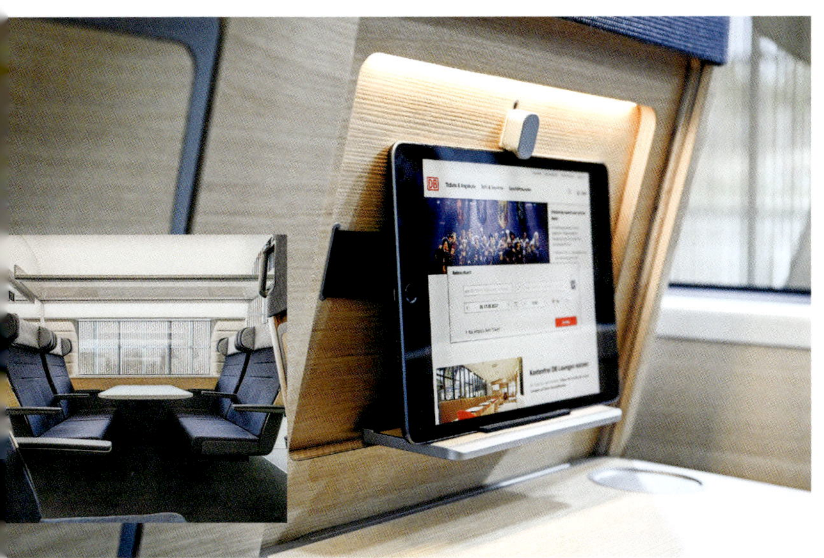

Ende 2023 soll mit dem 17. Triebzug des ICE 3neo ein neues Design an den Start gehen. Die Passagiere sollen sich wie im eigenen Wohnzimmer fühlen. Bilder: DB AG/ Max Lautenschläger

Frankfurt–Stuttgart–München. Die ersten Triebzüge wurden bereits 2021 bei Siemens gebaut und im Prüfcenter in Betrieb genommen. Nach einer Bauzeit von nur zwölf Monaten, so schnell wurde zuvor noch kein ICE gebaut. Die erste Präsentation fand Anfang 2022 in Berlin statt. Seit Anfang 2022 verkehren zwei Triebzüge im Zulassungsbetrieb, ab Herbst 2022 soll der sogenannte Vorlaufbetrieb auf der Neubaustrecke stattfinden.

Die Neuerungen gegenüber der Baureihe 407

Ein Betrieb gekuppelt mit der Baureihe 407, wie zuerst gefordert, ist aus aktueller Sicht nicht realisierbar. Die Software ist jetzt schon etwas anders aufgebaut und die Scharfenbergkupplung ist beim 408 anders aufgebaut als beim 407.

Neu gegenüber seinem Vorgänger sind noch mehr Komfort für die Reisenden durch neue Sitze mit Tablet-Halterung und besseren Gepäck-Ablagen sowie größeren Familien-Sitzbereichen mit 16 und 5 Sitzplätzen. Insgesamt sollen 439 Fahrgäste pro Zug Platz finden, davon 99 in der 1. Klasse und 340 in der 2. Klasse. Ein Transport von acht Fahrrädern ist auch in diesem ICE nun möglich. Für den schnelleren Fahrgastwechsel besitzt er nun zwölf Türen pro Fahrzeugseite, natürlich auch eine für Rollstühle. Ein Novum sind frequenzdurchlässige Scheiben für einen stabilen Mobilfunkempfang.

Der ICE 4 – Die Elektrik

29

Ein InterCity-Ersatz wurde zum ICE 4

Als Ersatz für die konventionellen InterCity-Garnituren, die seit den 1970er-Jahren verkehren, wurde im Sommer 2008 eine Ausschreibung erstellt, die bis zu 300 Züge vorgesehen hatte. Der »ICx« sollte zuerst die IC-Züge ersetzen und später dann den ICE 1 und ICE 2. Die Züge sollten mit einer Höchstgeschwindigkeit von 250 km/h eingesetzt werden, eine höhere Geschwindigkeit war optional anzubieten. Es meldeten sich verschiedene Hersteller wie Alstom mit dem TGV Duplex oder dem AGV und das Konsortium Siemens und Bombardier. Die Vergabe erfolgte dann an Siemens und Bombardier, erst nach einigen Verhandlungen bestellte die Deutsche Bahn 2011 bei Siemens 130 neue Fahrzeuge. Insgesamt sind die Varianten 12-Teiler, 13-Teiler und 7-Teiler bestellt worden. Die 7-Teiler sollen nun den ICE 2 ersetzen.

Erste Testfahrten

Die ersten Fahrzeuge drehten 2015 die ersten Runden im Siemens-Prüfcenter. Offiziell auf dem öffentlichen Netz der Deutschen Bahn war es am 24. September 2015 soweit. Der Triebzug 9002 fuhr seine ersten Meter aus eigener Kraft auf öffentlichem Netz und die Co-Autorin dieses

Die Bremsgerätetafel im Unterflur-Bereich. Bild: Claudia Franke

Bandes hatte die Ehre, diese ersten Meter in München fahren zu dürfen. Danach begannen aufwendige Zulassungs- und Messfahrten in Deutschland und dann auch in Österreich und der Schweiz. Ende 2015 wurde aus dem »ICx« der »ICE 4«.

Eine absolute Neuerung beim ICE 4 ist das modulare Antriebskonzept. Jeder Zug besitzt sogenannte angetriebene Wagen: die Powercars, die zwischen nicht-angetriebenen Wagen laufen. Jedes Powercar, die von Siemens gebaut werden, besitzt neben den vier Fahrmotoren den Transformator, Stromrichter und die Kühlanlage. Mit diesem Konzept ist es möglich, verschiedene Zugkonfigurationen von 5-teilig bis 14-teilig zusammenzustellen. So besitzt der »längste ICE«, der 13- teilig ist, ein zusätzliches Powercar und ist für steigungsreiche Strecken bestens ausgestattet.

Die Traktionsleistung eines 12-Teilers beträgt 9.900 kW, beim 13-Teiler 11.550 kW. Der kurze kuppelbare 7-Teiler bringt es auf 4.950 kW. Der Zug besitzt Stromabnehmer für DB/ÖBB und die SBB. Der Hauptstromkreis der Züge ist prinzipiell durch mehrere Hauptschalter so aufgebaut, dass im Störungsfall einzelne Powercars ausgruppiert werden können und sich an der Traktionsleistung nicht viel reduziert. Es ist möglich, einzelne Wagen außer Betrieb zu nehmen oder jeweils ein Drittel der Antriebe.

Die beiden Pantos für DB und SBB, Hauptschalter, Wandler sowie Trennschalter auf dem Wagen 9 eines ICE 4. Bild: Claudia Franke

Da die Fahrmotoren eigenbelüftet sind, kann es bei geringen Geschwindigkeiten insbesondere auf steigungsreichen Strecken wie der KRM zur Erwärmung der Fahrmotoren kommen. Für diesen Fall besitzt der Zug eine Schleichfahrt, die mittels einer Schnecke im Display dargestellt wird. Über diese Funktion wird die elektrische Bremse, die zu einer zusätzlichen Erwärmung der Fahrmotoren führen kann, deaktiviert.

Die Leittechnik bzw. Fahrzeugsteuerung ist auf dem aktuellsten Stand. Sie ist auf Netzwerkbasis mit hohen Datenübertragungsraten aufgebaut und besteht aus einem zentralen Zugbussystem sowie einem wagenlokalen Wagenbus, der an den Zugbus angekoppelt ist. Der Wagenbus hat das System Profinet, die Fahrzeugsteuerung besteht aus Sibas PN. Der zugweite Zugbus hat das System Ethernet Train Backbone, welches eine Weiterentwicklung des WTB aus dem ICE 3 ist.

Der ICE 4 – Die Mechanik

30

Der ICE mit den längsten Mittelwagen

Der 13-teilige ICE 4 wird als »Längster ICE Deutschlands« bezeichnet. Mit 374 Metern ist er der längste durchgehende Triebzug. Seine Mittelwagen haben eine Länge von über 28 Metern, die Endwagen sogar von 29 Metern. Der Wagenkasten besteht nun aus Stahl, gefertigt aus einem Stahlskelett und verschweißt mit Stahlblechen. Noch während der Auslieferungsphase 2019 traten bei einigen Triebzügen defekte Schweißnähte auf. Diese entstanden bei Bombardier in der Fertigung. Industrie und DB haben sich auf ein Prüf- und Ausbesserungskonzept im Rahmen der Gewährleistung geeinigt, sodass es zu keinen größeren Ausfällen kommen muss.

Die lange Konstruktion der Wagenkästen bedeutet aber auch einen erhöhten Konstruktionsaufwand. So sind die Fensterscheiben länger als bisher und müssen hohen Spannungen standhalten. Weitere Varianten, die bei der DB im Einsatz sind, sind der 12-teilige Zug mit einer Länge von 346 Metern sowie der 7-teilige und kuppelbare Triebzug mit knapp über 200 Metern.

Im September 2019 wurde dieser 412 in München abgeschleppt, da er aufgrund der Schneemassen und einer längeren Abstellung eingefroren war. Bild: Claudia Franke

Die Drehgestelle unterscheiden sich zwischen angetriebenen und nicht angetriebenen Wagen. Während Siemens die angetriebenen Wagen mit Triebdrehgestellen fertigt, ist Bombardier für die nicht angetriebenen Wagen mit Laufdrehgestellen verantwortlich. Die Triebdrehgestelle besitzen zwei Fahrmotoren und Radscheibenbremsen, die Lager der Radsätze befinden sich außen. Gefedert wird der Wagenkasten über Luftfedern. Verschiedene geforderte Drehgestellüberwachungen sind auch hier integriert. Die Laufdrehgestelle von Bombardier fallen durch ihre Optik und die etwas anderen Fahrgeräusche auf. Sie sind innengelagert und besitzen neben einer Radbremsscheibe auch Magnetschienenbremsen und Wellenbremsscheiben auf dem Radsatz.

Das manuelle Öffnen der Bugklappen muss mittels Akkuschrauber oder Handkurbel erfolgen. Bild: Claudia Franke

Bei den Türen gab es anfangs noch einige Schwierigkeiten. Hersteller ist der französische Hersteller Faiveley. Die Türen sind elektrisch durch Motoren und über Zahnräder angetrieben. Ein pneumatisches Dichtungssystem sorgt für die nötige Druckdichtheit, sobald die Tür verriegelt ist. Ein elektrisch angetriebener und mit Druckschaltern ausgestatteter Schiebetritt sorgt als Einstiegshilfe zur Überbrückung des Spaltes zwischen Bahnsteig und Zug. Eine elektrisch angetriebene Einstiegshilfe an den Endwagen für den Lokführer hatte in der ersten Betriebszeit ab und zu ebenso für Störungen gesorgt.

Eine Grünschleife überprüft im gesamten Zug den Zustand der Türen. Bei eindeutiger Rückmeldung aller Endschalter an den Türen ist die Grünschleife geschlossen und die Traktionsleistung ist freigegeben. Ist dies nicht der Fall, kann keine Traktionsleistung aufgeschaltet werden, außer im Störungsfall mittels Überbrückungsschalter im Führerstand.

Bei den Bugklappen gibt es auch einen Unterschied. Beim 7-teiligen ICE 4 sind die Bugklappen durch seine notwendige Kuppelbarkeit elektrisch angetrieben. Sie öffnen innerhalb kürzester Zeit, die dahinter befindliche Scharfenbergkupplung besitzt auch die sogenannten E-Kontakte für die Fahrzeugsteuerung bei Mehrfachtraktion. Beim 12- und 13-Teiler können die Bugklappen mit Spindelantrieb im Notfall nur mit einem Akkuschrauber oder einer aufsetzbaren Kurbel geöffnet werden.

Der ICE 4 im Einsatz

31 Mess- und Zulassungsfahrten ab 2015

Seit 2015 ist der ICE 4 auf dem deutschen Schienennetz zu sehen. Die ersten Messfahrten im öffentlichen DB-Netz begannen im September 2015, wobei der Zug für viel Aufsehen sorgte. Aufgrund seines markanten Designs bekam er Spitznamen wie »Schlange« oder »Angelina Jolie«. Die Produkttaufe »ICE 4« fand am 4. Dezember 2015 in Berlin statt, der Triebzug 9001 bekam einen entsprechenden Schriftzug aufgeklebt.

Im April 2016 fand bei DB Systemtechnik in München eine Evakuierungsübung statt, für diese Übung konnten sich Freiwillige melden. Diese war im Rahmen der Zulassung gefordert. Mehrere hundert Menschen müssen innerhalb einer vorgegebenen Zeit den Zug verlassen können. Der Nachweis dafür wurde erfolgreich erbracht. Die weiteren Zulassungsfahrten in Deutschland wurden im ersten Halbjahr 2016 abgeschlossen. Somit konnte der Einsatz für die Öffentlichkeit gestartet werden.

Ab Oktober 2016 ermöglichte das ICE-4-Projektteam Probefahrten. Dafür konnten sich interessierte Probanden im Internet registrieren. Der Zug fuhr unter anderem von Hamburg bis nach München und von Hamburg bis Frankfurt. Der Zug konnte ausgiebig getestet werden, Verbesserungsvorschläge wurden gerne entgegen genommen. Begleitet wurden die Züge vom ICE-4-Team von Siemens und Bombardier. Im September 2016 wurde der ICE 4 in Berlin offiziell der Öffentlichkeit vorgestellt. Die exklusiven Probefahrten wurden im November 2016 abgeschlossen.

Im Mai 2016 zeigte sich der Triebzug 9004 in Salzburg-Gnigl vor der schönen Bergkulisse. Er machte zu diesem Zeitpunkt Zulassungsfahrten für die ÖBB. Bild: Claudia Franke

Eine einjährige Einführungsphase mit Fahrgästen wurde ab Ende 2016 gestartet, unter anderem im Umlauf des ICE 581 von Hamburg nach München. Offizieller Einsatz des ICE 4 im Regelbetrieb war dann zum Fahrplanwechsel am 10. Dezember 2017.

In den Alpenländern

Zulassungsfahrten für Österreich und Schweiz fanden erfolgreich zwischen 2016 und 2017 statt. Seit 2019 verkehren die langen ICE-4-Züge auf der Linie Hamburg–Basel–Zürich–Chur. Die 7-teiligen Züge sollen in Zukunft auch nach Österreich und die Schweiz eingesetzt werden. Momentan verkehren die kurzen kuppelbaren ICE 4 auf der Linie von Berlin nach NRW und von Frankfurt nach Berlin.

Evakuierungsübung im April 2016 in München bei DB Systemtechnik. Ziel war es, dass alle Menschen innerhalb einer vorgegebenen Zeit den Zug verlassen können.

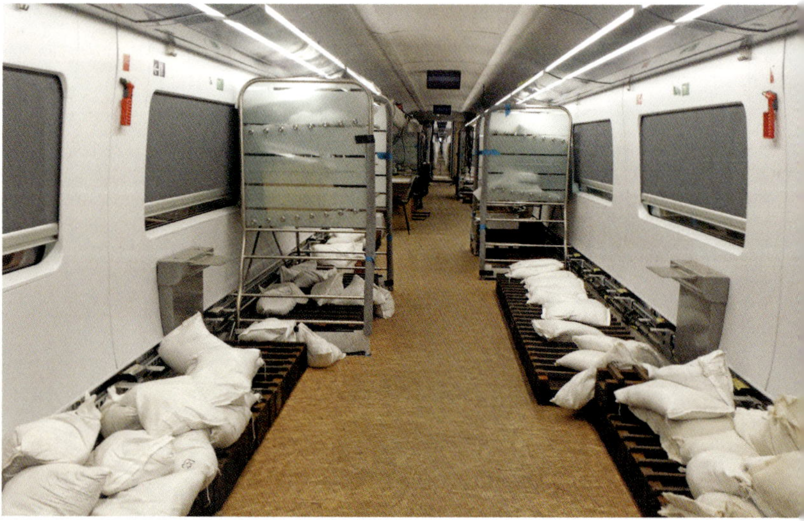

So sah es während der Mess- und Zulassungsfahrten in den 412-Triebzügen aus. Gewichte und Sandsäcke simulierten entsprechende Beladungen. Bilder: Claudia Franke

Der ICE T

32

Hochgeschwindigkeitszug mit Neigetechnik

Sehr viel Technik des ICE 3 steckt in dieser Baureihe, die ab 1997 die ersten Prüffahrten absolvierte und im folgenden Jahr in den Regeldienst gebracht wurde. Die wichtigste Neuerung besteht aus der innovativen Neigetechnik.

Der Normalbürger bekommt sicher kaum einen solchen Blick auf die Achsen des ICE T zu sehen. Bild: Claudia Franke

Die Neigetechnik basiert auf der Pendolino-Technik der italienischen Firma ALSTOM Ferroviaria. Sie ermöglicht eine für den Fahrgast fast unbemerkte Neigung der Wagenkästen um bis zu acht Grad. Ziel war es, den ICE T auf veralteten, kurvenreichen Strecken einzusetzen und auch dort schnellere Reisezeiten anzubieten.

Ursprünglich waren die neuen Triebzüge als InterCity-Pendant vorgesehen, doch dann entschied man sich dazu, ihm den Rang eines ICE zu geben. Die zum ICE 3 sehr ähnliche Technik und das Design unterstützen diese Einordnung.

Die für die Neigung wichtige Mechanik besteht aus zwei Neigetraversen, zwei Pendeln, zwei hydraulischen Neigeantrieben sowie zwei Wiegen. Zwei Lenkerpaare sind an der Oberkante der Wiege und an Auslegern der Neigetraverse befestigt. Diese Lenkerpaare dienen der Führung des Wagenkastens während des Neigevorgangs. Inertiale Sensoreinheiten, bestehend aus elektronischen Kreisel- und Beschleunigungssensoren, steuern die Nei-

Dass sich der ICE T gut in Kurven legen kann, zeigt dieses Pärchen bei Haspelmoor in den frühen Morgenstunden des 28. August 2008. Bild: Claudia Franke

getechnik. Der Beschleunigungsmesser im Neigetechnik-Rechner nimmt eine Überschreitung der Höchstgrenzen der Querbeschleunigung im Wagenkasten auf. Ein elektronischer Rechner je Wagen verarbeitet die von den Sensoren kommenden Signale und steuert die Hydraulikzylinder über Servoventile. Eine hydraulische Anlage sorgt für die Speisung der Stellglieder. Die Rechner in den Endwagen fungieren als Kopf- und Schlusswagenrechner, die ein Geschwindigkeitssignal vom Zugsteuergerät erhalten, alle anderen Wagen sind mit einem Mikroprozessor-Rechner ausgerüstet. Alle wichtigen Informationen kommen von den Endwagen und werden in den Mikroprozessor-Rechnern verarbeitet.

An den Enden der Endwagen musste der Dachbereich zur Aufnahme des Stromabnehmers abgesenkt werden, da der Endwagen als Transformatorwagen ausgebildet ist – anders als beim ICE 3.

Neben den siebenteiligen Garnituren der Baureihe 411 wurden fünfteilige der Baureihe 415 beschafft. Einige davon erreichten auch die Schweiz und Österreich. Die ÖBB hatte sogar zwischen 2006 und 2020 drei Triebzüge übernommen und als Baureihe 4011 eingereiht. Ab 2013 erhielten die Fahrzeuge ein Redesign.

ICE T – Bezeichnungen

33

Baureihen 411 und 415: Städte

Auch diese Triebzüge wurden auf Städtenamen getauft, einige nach österreichischen Städten.

Taufe	Baureihe	Triebzugnr.	Name
31.10.2002	411	1111	Berlin
06.11.2002	411	1112	Freie und Hansestadt Hamburg
20.11.2002	411	1129	Kiel
21.11.2002	411	1104	Erfurt
27.11.2002	411	1130	Jena
06.12.2002	411	1116	Halle (Saale)
13.12.2002	411	1126	Leipzig
20.12.2002	411	1105	Dresden
17.01.2003	411	1127	Weimar
27.03.2003	411	1106	Passau
28.04.2003	411	1120	Gotha
10.05.2003	411	1114	Bamberg
25.05.2003	411	1113	Hansestadt Stralsund
14.06.2003	411	1107	Pirna
21.06.2003	411	1109	Güstrow
25.06.2003	411	1103	Paderborn
26.06.2003	411	1101	Neustadt an der Weinstraße
09.07.2003	411	1121	Homburg/Saar
02.08.2003	411	1108	Hansestadt Wismar
20.09.2003	411	1124	Hansestadt Rostock
26.09.2003	411	1123	Hansestadt Greifswald
30.09.2003	411	1102	Neubrandenburg
06.10.2003	411	1115	Coburg
09.11.2003	411	1119	Meißen
22.11.2003	411	1110	Naumburg (Saale)
11.03.2004	411	1118	Plauen/Vogtland
01.05.2004	411	1125	Arnstadt
11.05.2004	411	1131	Trier
12.05.2004	411	1122	Torgau
30.06.2004	411	1117	Erlangen
24.08.2004	411	1132	Wittenberge

14.09.2004	411	1159	Passau
30.11.2004	411	1128	Reutlingen
12.12.2004	411	1108	Berlin
12.12.2004	411	1111	Hansestadt Wismar
30.03.2006	411	1171	Oschatz
17.05.2006	411	1165	Bad Oeynhausen
20.05.2006	411	1156	Waren (Müritz)
15.07.2006	411	1177	Rathenow
12.09.2006	411	1184	Kaiserslautern
09.11.2006	411	1173	Halle (Saale)
09.11.2006	411	1176	Coburg
09.11.2006	411	1180	Darmstadt
09.11.2006	411	1181	Horb am Neckar
30.11.2006	411	1183	Oberursel (Taunus)
09.12.2006	411	1191	Salzburg
02.01.2007	411	1182	Mainz
26.05.2007	411	1160	Markt Holzkirchen
12.06.2007	411	1178	Ostseebad Warnemünde
01.09.2007	411	1153	Ilmenau
28.11.2007	411	1172	Bamberg
08.12.2007	411	1190	Wien
27.09.2008	411	1154	Sonneberg
22.10.2008	411	1192	Linz
13.12.2008	411	1152	Travemünde
15.08.2009	411	1158	Falkenberg/Elster
17.10.2009	411	1161	Andernach
12.12.2009	411	1157	Innsbruck
03.07.2010	411	1162	Vaihingen an der Enz
21.07.2010	411	1169	Tutzing
01.08.2010	411	1167	Traunstein
17.06.2011	411	1163	Ostseebad Binz
19.06.2011	411	1151	Elsterwerda
24.03.2012	411	1166	Bingen am Rhein
15.09.2012	411	1175	Villingen-Schwenningen
12.10.2012	411	1164	Rödental
04.05.2013	411	1170	Prenzlau
29.03.2014	411	1168	Ellwangen
28.06.2014	411	1174	Hansestadt Warburg
05.09.2015	411	1155	Mühlhausen/Thüringen
30.11.2002	415	1580	Darmstadt

05.12.2002	415	1504	Heidelberg
17.12.2002	415	1506	Kassel
18.12.2002	415	1502	Karlsruhe
17.01.2003	415	1582	Mainz
26.03.2003	415	1584	Kaiserslautern
13.05.2003	415	1501	Eisenach
05.06.2003	415	1505	Marburg (ab 2015: Marburg/Lahn)
23.06.2003	415	1581	Horb am Neckar
11.07.2003	415	1503	Altenbeken
09.05.2004	415	1583	Oberursel (Taunus)
12.09.2006	415	1524	Hansestadt Rostock
09.11.2006	415	1520	Gotha
09.11.2006	415	1521	Homburg/Saar
30.11.2006	415	1523	Hansestadt Greifswald
02.01.2007	415	1522	Torgau

34

Der ICE TD

Der ICE T mit Verbrennungsmotor

Auf wichtigen nicht elektrifizierten Strecken wie München–Zürich oder Nürnberg–Dresden sollte dank Neigetechnik ebenfalls mit hoher Geschwindigkeit gefahren werden. Der ICE TD der Baureihe 605 sieht dem ICE T sehr ähnlich. Stromabnehmer fehlen natürlich, denn der 605 ist mit einem dieselelektrischen Antrieb ausgestattet. Die vier Sechszylinder-Diesel des Typs QSK 19-R von Cummins mit Abgasturbolader und Ladeluftkühlung, sind auf die je zwei End- und Mittelwagen verteilt. Der Antrieb erfolgte durch Elektromotoren. Außerdem verfügte der Zug über eine Neigetechnik von Siemens. Dadurch eignete sich der ICE TD für den Einsatz auf Strecken, die nicht für den Schnellverkehr ausgebaut sind. Die offizielle Inbetriebnahme des dieselgetriebenen Neigezugs erfolgte 2001.

Mehrere Mängel, wie zu schwache Bremsen, Ausfall der Neigetechnik und ein Achsbruch, führten schließlich dazu, dass die Züge bereits nach zwei Jahren wieder aus dem Verkehr gezogen wurden. Wegen der Fußball-WM 2006 kamen sie wieder zum Einsatz und verkehrten dann nach Dänemark. 2017 wurde der letzte ausgemustert.

Das Erbe des ICE TD

Der Advanced TrainLab

35

Die Geschichte des ICE TD war nicht unbedingt glänzend. Umso erfreulicher gestaltet sich das Rentnerdasein zweier Triebzüge der Baureihe 605, die bis 2017 im Personenverkehr im Einsatz waren: Um die neuesten Technologien für den Eisenbahnverkehr erproben zu können, hatte die Deutsche Bahn sie zu Versuchszügen umgebaut. Unter dem Namen Advanced TrainLab wurde der erste ICE TD im Dezember 2018 in Dienst gestellt, der zweite folgte im August 2021.

Ein Labor auf Schienen

Fast jede Woche sind die zwei Triebzüge in ganz Deutschland unterwegs auf Testfahrten. Fachkundiges Personal der DB AG reist mit Kooperationspartnern aus der Industrie oder aus der Wissenschaft in die Zukunft, denn in den beiden Advanced TrainLabs werden Experimente unternommen, die das Eisenbahnfahren besser und sparsamer machen sollen. Innovative Technologien können mit den regulären Zügen nicht

Am 11. März 2021 wurde eine Versuchsreihe des DLR erfolgreich abgeschlossen. An diesem Tag fand dazu in Herrsching mit dem TrainLab eine Presseveranstaltung statt. Bild: Claudia Franke

Am 11. März 2021 befuhr der TrainLab die Paartalbahn zwischen Augsburg und Ingolstadt, hier vor dem kleinen Dorf Paar. Bild: Claudia Franke

entwickelt werden. Beide Versuchszüge ähneln auf den ersten Blick einem normalen ICE, sie unterscheiden sich aber in wesentlichen Punkten: Der üblicherweise rote Streifen an der Seite ist beim Advanced TrainLab grau gehalten. Einige Sitzreihen wurden ausgebaut, um Platz für Messtechnik und andere Geräte zu schaffen. Man hat sich für die Testzüge beim ICE TD bedient, denn die können mit ihren Dieselmotoren auch auf nicht elektrifizierten Strecken fahren, wodurch sie flexibler einsetzbar sind. Die TrainLabs fahren ausschließlich zu Testzwecken und sind nicht im Personenverkehr anzutreffen.

Jeder Zug besteht aus zwei Mittel- und zwei Endwagen und ist insgesamt 107 Meter lang. Vier jeweils 560 Kilowatt (761 PS) starke Motoren können jeden Zug auf 200 km/h Höchstgeschwindigkeit beschleunigen. Beheimatet sind die Versuchszüge in Halle-Ammendorf. Dort steht auch die Tankstelle, aus der die Züge zu 100 Prozent aus biologischen Rest- und Abfallstoffen hergestellten Kraftstoff tanken können. Damit wird der CO_2-Ausstoß im Vergleich um bis zu 90 Prozent gesenkt.

Versuche sind unter anderem: Modernes und robustes Surfen im ICE, Daten für den automatisierten Bahnbetrieb, ETCS Guardia, alternative Kraftstoffe, Mobilfunk, Zugfunk, Komponenten der Antriebstechnik, Umfelderkennung, sechs neue Lacksysteme.

Siemens Mobility

Aus Deutschland weltweit unterwegs

36

Kein Unternehmen hat heute eine derart lange Tradition in der Geschichte der Elektrotraktion wie Siemens. Es war der Firmengründer Werner von Siemens, der 1879 die erste Elektrolok der Welt präsentiert hatte. Siemens Mobility, wie dieser Firmenbereich heute heißt, stellt den elektrischen Teil des ICE her und in der ehemaligen Duewag, die um die Jahrtausendwende von Siemens übernommen wurde, werden auch Wagen gefertigt. Doch Siemens Mobility ist nicht nur in Deutschland aktiv.

Velaros und andere Erfolgsmodelle

In vielen Ländern, wie man auf den folgenden Seiten nachlesen kann, sind Triebfahrzeuge von Siemens heute anzutreffen. Auch im Bereich von Rollmaterial für den Regionalverkehr wie den Desiro, U-, Stadt- und Straßenbahnfahrzeugen oder bei der Instandhaltung dieser Fahrzeuge zeigt Siemens sein Können. Überdies werden Signalsysteme oder die Fahrleitungen geliefert – oder sogar komplette Eisenbahnsysteme aufgebaut.

Ohne den Anteil von Siemens wäre die ICE-Flotte der Deutschen Bahn undenkbar. Hier die vier Generationen von lins nach rechts zusammen im Bild. Bild: Siemens AG

Ein Global Player

37

Von ABB über Adtranz zu Bombardier

Bombardier ist ein typisches Beispiel dafür, wie ein Konzern entsteht, der plötzlich in Branchen eine große Rolle spielt, die ihm ursprünglich ziemlich fern lagen. Der Frankokanadier Joseph-Armand Bombardier hatte 1942 ein Unternehmen gegründet, das Schneemobile baute. Es war ziemlich überraschend, als sich Bombardier 1970 mit der Übernahme der traditionsreichen österreichischen Lohner-Werke in das Segment Schienenverkehr hineinwagte, noch dazu in einem anderen Kontinent. Mit der Übernahme des einst führenden US-amerikanischen Lokomotivenbauers ALCo 1975 bestätigte sich dieser Schritt.

Um die Jahrtausendwende setzte die Firma ihren Expansionskurs in Deutschland fort. Traditionsreiche Produktionsorte wie Talbot in Aachen, die Deutsche Waggonbau in Hennigsdorf, Görlitz und anderen Orten oder Adtranz (ABB und Daimler-Benz) wurden aufgekauft.

Beim ICE 3 war der Anteil von Bombardier Transportation an der Herstellung sehr groß. Bild: Bombardier

Mit dieser geballten Kompetenz im Haus entwickelte sich Bombardier Transportation zu einem der wichtigsten Anbieter von Schienenfahrzeugen der Welt. 2021 wurde Bombardier Transportation von dem französischen Konzern Alstom übernommen, dem berühmten Entwickler des TGV.

Das Unternehmen ist vor allem mit Produkten für den Regional- und Nahverkehr erfolgreich, etwa den Flexity-Straßenbahnen, der Londoner U-Bahn oder Regionaltriebwagen der Deutschen Bahn. Doch es ist auch maßgeblich an der Fertigung des ICE beteiligt und liefert Komponenten aus dem Fahrzeugbau oder Wagen.

Die französische Legende

Der TGV ist der schnellste Zug der Welt

38

Die SNCF begann 1972 mit Testfahrten des TGV 001. Die Abkürzung TGV stand für *Train à grande vitesse*, was nichts anderes bedeutet als Hochgeschwindigkeitszug). Dieser Zug bestand aus zwei Triebköpfen und drei Mittelwagen. Noch im gleichen Jahr erzielte der TGV zwischen den Städten Hendaye und Bordeaux eine Höchstgeschwindigkeit von 318 km/h.

Der Versuchszug besaß noch eine Gasturbine, die Generatoren antrieb, die wiederum Motoren mit Gleichstrom versorgten. Aber bei den TGV-Zügen, die 1978 für die Neubaustrecke zwischen Paris und Lyon neu ausgeliefert wurden, setzte man auf die Elektrotraktion, das heißt, die Stromversorgung erfolgte über Oberleitungen. Am 26. Februar 1981 erreichte einer der Züge eine maximale Geschwindigkeit von 380,4 km/h und war damit schneller als der Shinkansen. Weitere Rekorde folgten.

Alstom, der französische Hersteller der TGV-Züge, hatte erkannt, dass Rekorde ein hervorragendes Verkaufsargument sein können. So wurde bereits am 18. Mai 1990 der zwei Jahre alte Geschwindigkeitsrekord des Inter-

Diese Abbildung zeigt den V150 am 3. April 2007 beim Erreichen der unglaublichen Spitzengeschwindigkeit von 574,9 km/h. Bild: Alain Stoll/CC BY-SA 2.0

Der doppelstöckige TGV Duplex wurde ab 1995 gebaut, um die Kapazität des Hochgeschwindigkeitszugs massiv zu erhöhen. Bild: Erich Westendarp/Pixelio.de

CityExperimental überboten. Mit dem V150 sollte der Führungsanspruch des TGV im Hochgeschwindigkeitsschienenverkehr untermauert werden. Der Name war Programm, denn er stand für *Vitesse 150*, womit eine beabsichtigte Geschwindigkeit von mindestens 150 m/s, also umgerechnet 540 km/h anvisiert wurde. Der 268 Tonnen schwere Zug bestand aus zwei modifizierten Triebköpfen des TGV POS 4402 und drei angetriebenen Mittelwagen. Durch zusätzliche Synchronmotoren konnte die Leistung von 9.300 auf 19.800 kW erhöht werden. Im Januar begann Alstom auf der Neubaustrecke Paris–Straßburg mit Tests, die Aspekte des Fahrens mit Spitzengeschwindigkeit untersuchten. Am 3. April 2007 war es dann soweit: Der V150 raste unter den Augen zahlreicher Beobachter auf eine schier unglaubliche Geschwindigkeit von 574,9 km/h. Dieser Weltrekord für ein zweispuriges Schienenfahrzeug konnte bislang nicht übertrumpft werden.

Die Linien des TGV

Neben dem ersten TGV Sud-Est wurden im Laufe der Jahre mehrere Linien in alle Himmelsrichtungen eingerichtet, bei denen Paris der Knotenpunkt ist. Seit 2007 verkehrt der TGV POS bis nach Süddeutschland. Der TGV Atlantique verbindet Paris mit dem Westen und Südwesten des Landes, und alles mit bis zu 320 km/h Reisegeschwindigkeit.

Trockenen Fußes auf die Insel

Der Eurostar fährt nach London

39

Nach fast sechsjähriger Bauzeit erfüllte sich 1994 ein Jahrhunderte alter Traum: Durch einen Tunnel von Kontinentaleuropa nach England zu gelangen. Mit der Eröffnung des 50 Kilometer langen Eurotunnels unter dem Ärmelkanal am 6. Mai 1994 durch Königin Elisabeth II. und den französischen Präsidenten François Mitterrand war es zum ersten Mal möglich, mit dem Zug direkt zwischen Paris und London zu verkehren.

Die TGV-Ableger aus Frankreich

Alstom wurde die Entwicklung des Hochgeschwindigkeitszuges Eurostar, der auf dem TGV Atlantique basierte, übertragen. Allerdings mussten für den Verkehr zwischen dem Kontinent und der britischen Insel zahlreiche Anpassungen vorgenommen werden. Der Eurostar ist beispielsweise etwas schmaler als der TGV und hat seitliche Stromabnehmer für das englische Stromschienensystem. Der Zug fährt teilweise mit 18 Mittelwagen und kann eine Länge von 393 Metern messen. Damit war er damals der längste

Mit dem Eurostar 320 konnte sich Siemens gegen den alten Konkurrenten Alstom durchsetzen. Diese Baureihe entstand auf der Basis des Velaro. Bild: Siemens AG

Die ersten Eurostar-Triebzüge wurden von Alstom auf Basis des TGV produziert. Sie hatten eine gelb-weiße Lackierung. Bild: Sammlung Michael Dörflinger

Hochgeschwindigkeitszug der Welt. Ungewöhnlich sind die drei Wagenklassen, die man beim Eurostar fand.

Siemens mit einer neuen Baureihe

Seit 2015 gibt es eine moderne Version der Eurostar mit der Bezeichnung e320 (bei British Rail als Class 374 eingestellt). Dieser Zug basiert nicht mehr auf dem TGV, sondern auf dem Siemens Velaro. Deswegen war man bei Alstom »not amused«. Der e320 ist knapp 400 Meter lang und besteht aus zwei End- sowie 14 Mittelwagen. Die Höchstgeschwindigkeit des Zuges kann 320 km/h betragen.

Wussten Sie schon?

Die Züge in Großbritannien haben ein kleineres Lichtraumprofil. Das bedeutet, dass die Fahrzeuge schmaler sein müssen. Bedeutsam ist das bei Tunnels, die nach den Grundsätzen des Betriebs gebaut werden. Die ersten Eurostar-Züge sind deshalb etwas schmaler als die vergleichbaren TGV oder ICE. Dadurch können sie auch auf dem britischen Netz fahren. Die Eurostar 320 haben diesen Vorteil nicht.

Hochgeschwindigkeit UK

40

Der High Speed Train HST

Bereits 1970 hatte British Rail den Startschuss für die Entwicklung eines Hochgeschwindigkeitszuges gegeben, der anstelle des glücklosen Advanced Passenger Train APT fahren sollte. Während der erste APT mit Gasturbinen ausgestattet war und spätere Exemplare mit elektrischem Antrieb liefen, setzte man diesmal auf die bewährte Dieseltraktion. 1973 konnten die ersten Versuchsfahrten des HST (High Speed Train) unternommen werden. Der Zug stellte mit 230 km/h einen Geschwindigkeitsrekord für Diesellokomotiven auf.

Erfolgreich mit Dieselmotoren

Die Serienproduktion des HST begann Ende 1975. Der planmäßige Einsatz erfolgte als InterCity 125, in Anspielung auf die 125 Meilen pro Stunde (201 km/h), die erreicht werden sollten. Jeder dieser Züge setzte sich aus zwei Triebköpfen, die zur British Rail Class 43 zählten, und acht Mittelwagen zusammen. Bis 1982 entstanden im Werk Crewe der British Rail 95 HST-Züge.

Ein Intercity 125 auf der Fahrt durch Bath. Seit der Aufspaltung von British Rail fahren die Hochgeschwindigkeitszüge für andere Eisenbahngesellschaften. Bild: Matt Buck/ CC BY-SA 2.0

41

Wie lange noch?

Eurostar und Thalys sollen fusionieren

Nach der Verbindung mit Großbritannien rückte Belgien ins Visier der Franzosen. Unter dem Dach der SNCF wurde die Westrail International gegründet, die vier Jahre später den Namen ihrer Hochgeschwindigkeitszüge annahm: Thalys. Der erste Thalys, der nach dem Vorbild des TGV Réseau gebaut worden war, startete von Paris nach Brüssel am 4. Juni 1996. Er benötigte damals noch zwei Stunden und sieben Minuten, und vier Stunden und 47 Minuten bis Amsterdam. Heute können die 313,3 Kilometer zwischen Paris und Brüssel in nur 82 Minuten zurückgelegt werden. Der Thalys fährt auf dieser Strecke mit einer Durchschnittsgeschwindigkeit von 213 km/h. Im Konkurrenzkampf mit dem Luftverkehr trug der Thalys auf dieser Strecke den Sieg davon, denn viele Flugverbindungen zwischen den Metropolen wurden inzwischen eingestellt.

Schnell nach Paris – das macht der Thalys von mehreren deutschen Bahnhöfen aus möglich. Bild: Katharina Catjana/Pixelio.de

Von Paris aus fahren die Züge über Ostende, Lüttich und Brüssel nach Amsterdam sowie über einen Streckenast von Brüssel nach Lüttich, Köln, Essen und Dortmund. Die dreiteiligen PBA fahren nach Benelux, die vierteiligen PBKA (siehe Abbildung) erreichen auch Deutschland. Sie halten in Aachen, Köln, Düsseldorf, Duisburg, Essen und Dortmund.

Die französische SNCF, die die Mehrheit am Thalys, aber auch am Eurostar besitzt, verkündete 2019 den Entschluss, die beiden Unternehmen zusammenzufassen und unter dem Markennamen Eurostar fortzuführen. Damit wird das Ende des Thalys kommen, nicht jedoch das der Züge, die dann aber wohl eine ganz neue Lackierung erhalten werden. Corona hat bisher eine Umsetzung des Vorhabens verhindert.

Alta Velocidad Española

Die spanischen Hochgeschwindigkeitszüge

42

AVE heißt das spanische Hochgeschwindigkeitsnetz. Die Abkürzung steht für *Alta Velocidad Española* (spanische Hochgeschwindigkeit). Das Hochgeschwindigkeitszeitalter begann auf der iberischen Halbinsel relativ spät. Doch das Streckennetz für die schnellen Züge wuchs schnell und ist heute eines der größten der Welt. Anders als die in Spanien übliche Breitspur ist das AVE-Netz in Normalspur gelegt. Ein Ereignis, das für die spanische Regierung als Ansporn zur Einführung der Hochgeschwindigkeitszüge diente, war die Weltausstellung 1992 in Sevilla. Nur vier Jahre benötigte die spanische Eisenbahngesellschaft RENFE für Planung und Bau der 471 Kilometer langen Hochgeschwindigkeitsstrecke Madrid–Sevilla. Von Madrid aus brauchte ein Zug bisher fast sechs Stunden in die andalusische Stadt. Auf der Neubaustrecke wurde die Fahrzeit auf zwei Stunden 15 Minuten verkürzt.

Die neu beschafften Züge basierten auf dem TGV-Atlantique. Das äußere und innere Design wurde jedoch in Spanien entwickelt. 1996 begannen die Bauarbeiten für eine Hochgeschwindigkeitsstrecke zwischen Mad-

Der Velaro E ist die neue Generation der AVE-Triebzüge. Er stammt von der deutschen Firma Siemens und ist mit dem ICE 3neo verwandt. Bild: Siemens AG

Den Spitznamen »Pato« (Ente) erhielten diese Hochgeschwindigkeitszüge wegen der langen Fahrzeugenden, die an einen Entenschnabel erinnern. Bild: Riccardo Caliban

rid und Barcelona. Die dafür benötigten Züge wurden diesmal von dem spanischen Unternehmen Patentes Talgo sowie von Bombardier entwickelt. Die RENFE stellte die Züge als Baureihe AVE S-102 ein.

Die Typenbezeichnung des neuen AVE S-102 für die Hochgeschwindigkeitsstrecke zwischen Madrid und Barcelona unterschied sich bei den beiden Herstellern. Patentes Talgo nannte ihn Talgo 350 und Bombardier HSP 350. 16 Einheiten wurden bestellt und ab 1998 ausgeliefert. 2004 folgte eine Bestellung von 30 Einheiten. Seit der Erstauslieferung hatte sich technisch viel getan, weshalb es zu einigen Änderungen gekommen war. Aus diesem Grund wurde der neue Baureihenname S-112 gewählt.

Neue Baureihen, jetzt auch von Siemens

Als S-130 trat 2008 eine Baureihe in den Dienst der RENFE, die wieder von Talgo und Bombardier stammt. Diese Züge zeichnen sich dadurch aus, dass die umspurbar sind und dadurch sowohl auf den normalspurigen Neubaustrecken als auch im alten spanischen Breitspurnetz fahren können. Neben diesen Zügen werden von der RENFE auch Produkte aus dem Hause Siemens eingesetzt. Der zwischen 2002 und 2007 in 26 Einheiten gelieferte Velaro E war der erste einer neuen Fahrzeugfamilie, der bald andere Modelle folgen sollten. Auf der Neubaustrecke Madrid–Saragossa erzielte einer der Züge eine Höchstgeschwindigkeit von 403,7 km/h.

Die Japaner in vielem vorn

43

Der Shinkansen schrieb Geschichte

Wenige Tage vor dem Beginn der Olympischen Sommerspiele 1964 in Tokio eröffnete die japanische Staatsbahn eine 515,4 Kilometer lange Strecke zwischen den Großstädten Tokio und Osaka. Mit den ebenfalls eingeführten neuen Zügen konnte auf der Strecke eine Höchstgeschwindigkeit von 200 und später 210 km/h erreicht werden. Als Name der Züge setzte sich das Wort »Shinkansen« durch, was eigentlich »neue Hauptstrecke« bedeutet, aber auch auf die Schienenfahrzeuge angewandt wurde. Die Hochgeschwindigkeitszüge erwiesen sich als durchschlagender Erfolg. Die Anzahl der täglich beförderten Passagiere überschritt erstmals 1975 die Millionengrenze.

Um dem technischen Fortschritt und anderen Anforderungen zu entsprechen, erfolgte 1985 die Einführung der Baureihe 100. Abhängig von der Strecke fuhren die Züge mit 220 oder 230 km/h Höchstgeschwindigkeit. Bei einer Testfahrt konnten 277,2 km/h erreicht werden.

Die Einführung einer weiteren Shinkansen-Generation erfolgte 1990 mit der Baureihe 300. In diesem Jahr konnte auf einer Testfahrt mit einer Spitzengeschwindigkeit von 303,1 km/h ein Rekord erzielt werden. Das Jahr 1992 sah die Einführung der Baureihe 400, des »kleinen Shinkansen«, der für eine ältere Schmalspurstrecke konzipiert war. Ein Testzug dieser Baureihe hatte 1991 eine Geschwindigkeit von 345 km/h erreicht. Die Baureihe 500 wurde 1996 eingeführt.

Der Shinkansen revolutionierte nicht nur den Eisenbahnverkehr in Japan. Er diente auch vielen anderen Ländern als Vorbild bei der Einführung von Hochgeschwindigkeitszügen, hier die Shinkansen-Baureihe 500 der JR West.

Bild: Sammlung Michael Dörflinger

Der Schwebe-Shinkansen

44

Noch ist er Zukunftsmusik

Eine völlig neue Ära im japanischen Hochgeschwindigkeits-Schienenverkehr läutet die Baureihe L0 ein, deren Fahrzeuge erst auf Gummirädern auf etwa 150 km/h beschleunigen, um dann in einen Schwebemodus zu wechseln, der elektrodynamisch wie auf einem Luftkissen funktioniert. Im Probebetrieb hat der Zug am 21. April 2015 eine unglaubliche Rekordgeschwindigkeit von 603 km/h erreicht. Der neue Maglev soll ab 2027 Tokio mit der Industriestadt Nagoya verbinden und die bisherige Fahrzeit des Shinkansen halbieren. Später soll eine Verbindung Tokio–Osaka hinzukommen.

Kein Triebfahrzeugführer mehr

Doch das ist noch nicht genug der Superlative: Die neue Magnetschwebebahn wir komplett führerlos unterwegs sein. Allerdings gibt es an beiden Zugenden Überwachungskameras. Doch so viel Prestige kostet natürlich jede Menge Geld. So bleibt abzuwarten, ob angesichts der vielen Krisen der Gegenwart die Planungen eingehalten werden können.

Besonders auffällig bei der Shinkansen-Baureihe L0 ist die auf 15 Meter lang gezogene, aerodynamische Frontpartie. Bild: Maryland GovPics/CC BY-SA 2.0

Der Transrapid in Schanghai

Früher als in Japan in Betrieb

45

Für die Magnetschwebebahn Transrapid war in Deutschland nirgends ein kommerzielles Einsatzfeld zu finden. Ganz anders in China, wo man sich 2000 entschloss, die Millionenmetropole Schanghai mit dem Flughafen Pudong mit dieser Fahrzeugtechnik zu verbinden. An der Fertigstellung waren unter anderem Siemens (Steuerungs-, Antriebs- und Signaltechnik) sowie ThyssenKrupp (Lieferung von vier sechsteiligen Zügen) beteiligt. Anfang 2004 konnte der Regelbetrieb aufgenommen werden. Der *Shanghai Maglev Train* erzielte eine Höchstgeschwindigkeit von 501 km/h und fährt auf der 30 Kilometer langen Strecke mit einer Betriebsgeschwindigkeit von bis zu 430 km/h. Aber nach der anfänglichen Begeisterung erfolgte die Ernüchterung: Um Strom zu sparen, wird die maximale Betriebsgeschwindigkeit nur noch zu bestimmten Uhrzeiten erreicht. Die Konkurrenz durch andere Verkehrsmittel hat zudem eine geringe Auslastung zur Folge. Auch wenn der kommerzielle Nutzen nicht den ursprünglichen Erwartungen entspricht, so kam es zumindest zugunsten Chinas zu einem Technologietransfer.

Mit dem Bau der Strecke von Schanghai zum Flughafen Pudong schien endlich der kommerzielle Durchbruch für die Schwebebahntechnik gekommen zu sein. Bild: Siemens AG

Der italienische ETR

Erfolgreich dank Neigetechnik

46

Die Pendolino-Technik wurde ab 1975 mit einem Prototyp der Baureihe ETR 401 erprobt. Die Abkürzung ETR steht für *Elettrotreno Rapido* (»schneller Elektrozug«). Ab 1988 gingen die Züge schließlich als Baureihe ETR 450 in Betrieb. Die Züge zeichneten sich dadurch aus, dass sie relativ schmal und niedrig waren und nur eine Achslast von zwölf Tonnen aufwiesen.

Mit dem ETR 460 erfolgten eine Optimierung der Neigetechnik und der Einbau stärkerer Motoren. Ab 1993 wurde der ETR 470 hergestellt. Diese Baureihe wurde von dem italienisch-schweizerischen Gemeinschaftsunternehmen Cisalpino AG für den Verkehr zwischen der Schweiz und Italien in Betrieb genommen.

Ein Hochgeschwindigkeitszug für Neubaustrecken wurde ab 1983 entwickelt, 1993 kam der ETR 500 auf die Schienen. Über eine Neigetechnik verfügte der bis zu 300 Stundenkilometer schnelle Zug nicht, eine zweite Generation des ETR 500 ab 2000 ist mehrsystemfähig. Ab 2005 fahren die Baureihen ETR 600 und ETR 610, ab 2015 der ETR 1000.

Der ETR 1000 ist die neueste Baureihe der Hochgeschwindigkeitszüge der italienischen Staatsbahn FS. Er schafft bis zu 400 km/h. Bild: Bombardier

Österreich und Tschechien

47 Lokbespannter Railjet

Der Railjet ist ein Hochgeschwindigkeitszug der Österreichischen Bundesbahnen (ÖBB) und der tschechischen Staatsbahn (ČD). Insgesamt 60 dieser »Premiumzüge« werden von den ÖBB und sieben von der ČD eingesetzt. Die Railjets zählen zu den schnellsten mit Lokomotiven bespannten Zügen der Welt. Nur vier Stunden dauert die Reise mit dem Railjet von München nach Wien bei bis zu 230 km/h.

Mit der Rekordlokomotive Taurus

Für die Zugleistung sind die Elektroloks ES64U2 und ES64U4 von Siemens zuständig, die Baureihe, die den Rekord als schnellste Elektrolok hält. Bei den ÖBB werden die Maschinen auch unter den allgemein bekannten Bezeichnungen Taurus beziehungsweise Taurus III geführt. Die Lokomotiven, die eine Stundenleistung von 6.400 kW vorweisen können, finden nicht nur im schnellen Personenverkehr, sondern auch im schweren Gütertransport ein Einsatzfeld.

Schnelligkeit und Komfort zeichnen den attraktiv lackierten Railjet aus. Bild: Siemens AG

48

Das Erbe des Cisalpino

Von der Schweiz nach Italien und Deutschland

Die Schweiz erarbeitet sich mit dem *Bundesgesetz über den Anschluss der Ost- und der Westschweiz an das europäische Eisenbahn-Hochleistungsnetz* von 2005 die Anbindung an die Zentren der großen Nachbarstaaten. Zwischen 1993 und 2009 hatte der Cisalpino Basel und Zürich mit italienischen Metropolen verbunden. Die dem ICE vergleichbaren Züge wurden von Pendolinos ETR 470 betrieben. Später kamen die ETR 610 hinzu. Deren zweite Serie wurde in der Schweiz als Baureihe RABe 503 bezeichnet. Mit dem Ende der Cisalpino AG, die ein Gemeinschaftsunternehmen der SBB und von Trenitalia war, wurden die Fahrzeuge aufgeteilt.

Seit 2017 bedient diese Baureihe die beiden EuroCity-Express-Linien Frankfurt (Main)–Basel–Milano durch den Gotthard-Basistunnel und München–Zürich. Die RABe 503 bestehen aus sieben Wagen, wobei die drei mittleren nur Laufachsen haben, die Endwagen und die unmittelbar gekuppelten Wagen besitzen je eine Laufachse und eine Antriebsachse. Hergestellt wurden sie von Alstom im 2002 übernommenen Werk von Fiat Ferroviaria in Savigliano im Piemont.

Der RABe 503 ist eine mehrsystemfähige Variante des italienischen Hochgeschwindigkeitszuges ETR 610. Er erreicht bis zu 250 km/h. Bild: Sammlung Michael Dörflinger

Velaro RUS – russischer ICE 3

Zwei Strecken mit hohem Tempo

49

2005 liefen Verhandlungen zwischen Siemens und der staatlichen russischen Eisenbahngesellschaft (RZD), ein Gemeinschaftsunternehmen zum Bau von Hochgeschwindigkeitszügen zu gründen. Bereits im April 2005 kam es zu einer Teilvertragsunterzeichnung mit einem Volumen von rund 1,5 Milliarden Euro zum Bau von 60 Hochgeschwindigkeitszügen nach dem Vorbild des ICE 3 der Deutschen Bahn.

Erprobung in der Kältekammer

Für den Einsatz in Russland müssen die ICE-3-Züge besondere Anforderungen erfüllen. Der Velaro muss nicht nur zahlreichen gesetzlichen Vorgaben nachkommen, sondern auch an extreme Umweltbedingungen, wie Temperaturen bis zu minus 50 Grad Celsius, angepasst werden. Dafür wurden Tests in einer Kältekammer gemacht. In den Wagen ist ein besonderes leistungsfähiges Belüftungs- und Kühlsystem nötig. Diese für die russische Breitspur gebaute ICE-Variante wird Velaro RUS genannt. In

Der Velaro RUS auf der Innotrans 2008 in Berlin auf Hilfsdrehgestellen, da in Russland Breitspur gefahren wird. Bild: Claudia Franke

In Russland muss der »Sapsan« oft bei extremen Witterungsverhältnissen verkehren. Er muss Temperaturen von minus 50 Grad Celsius bewältigen. Bild: Siemens AG

Russland heißen sie auch »Sapsan« (Wanderfalke). Einsatzgebiet sind die Strecken Moskau–Sankt Petersburg sowie Moskau–Nischni Nowgorod. Am 8. Mai 2009 erreichte ein »Sapsan« bei Testfahrten auf der Strecke St. Petersburg–Moskau eine Geschwindigkeit von 281 km/h, was einen Rekordwert für die Eisenbahn in Russland darstellt. Die Höchstgeschwindigkeit im Planverkehr liegt jedoch bei 250 km/h.

Weitere Lieferungen

Bereits ab 2007 hätten die ersten Züge den Plandienst auf der Strecke von Moskau nach St. Petersburg aufnehmen sollen. Die vorhandene Strecke sollte für eine Maximalgeschwindigkeit von 230 km/h ausgebaut werden. Siemens Transportation lieferte acht Hochgeschwindigkeitszüge des Typs Velaro RUS aus mit der Verpflichtung, für 30 Jahre deren Wartung zu übernehmen. Ende 2011 wurde eine weitere Serie von acht Zügen bestellt, die diesmal nur mit 3kV Gleichstrom fahren konnten. Die ersten waren Zweisystemzüge, denn zwischen Wladimir und Nischni Nowgorod wird mit Wechselstrom (25 kV, 50 Hz) gefahren. Wie sich Wartung und Lieferung angesichts der Sanktionen wegen des Einmarsches in die Ukraine darstellen, bleibt abzuwarten. Klar ist bislang, dass ein drittes Baulos, das 2019 geordert worden war und noch einmal 13 Triebzüge umfasste, im Frühjahr 2022 auf Eis gelegt wurde.

50 Mit Abstand die Nummer 1

Hochgeschwindigkeitsverkehr in China

China hatte ab 2006 den Hochgeschwindigkeitsverkehr auf Schienen eingeläutet. Man kaufte Rollmaterial von Alstom, Bombardier, Kawasaki und Siemens. Die Siemens-Triebzüge des Typs Velaro CN wurden beim chinesischen Partner Tangshan Locomotive & Rolling Stock Works in verschiedenen Ausstattungen produziert. die mit 5 kV 50 Hz Wechselstrom fahrenden Triebzüge erreichen bis zu 350 km/h.

Mit der Baureihe CRH380A, die unter dem Namen Harmonie-Express bekannt wurde, konnte 2010 erstmals eine komplette Eigenproduktion ohne ausländische Beteiligung fahren. 2016 gingen die Fuxing-Modelle an den Start, die von der China Railway Rolling Stock Corporation produziert werden. Die Serie CR400 kann rund 400 km/h im Regelbetrieb fahren, bei ihr wurden viele verschiedene Varianten entwickelt, was vor allem deshalb nötig war, weil sich die klimatischen Verhältnisse in dem riesigen Land teils gravierend unterscheiden. Von dieser Serie wurden leistungsschwächere Versionen mit 300 und 200 km/h Reisegeschwindigkeit abgeleitet.

Die Baureihe CRH380A wurde von der Firma CSR Sifang komplett in der Volksrepublik China entwickelt. Am 3. Dezember 2010 gelangen 416,6 km/h. Bild: Sammlung Michael Dörflinger

Der chinesische Velaro CRH stellte am 9. Januar 2011 einen Weltrekord für serienmäßige Züge auf: 487 km/h. Bild: Siemens AG

CR400BF-GZ ist eine Baureihe, die vom inzwischen größten Schienenfahrzeughersteller der Welt, der China Railway Rolling Stock Corporation, gebaut wurde. Bild: N509FZ/CC BY-SA 4.0

Südkoreas HGV-Flotte

51

Zu Beginn Alstom, dann Hyundai

Pläne für den Bau einer Hochgeschwindigkeitsstrecke wurden in Südkorea bereits seit Anfang der 1970er-Jahre gehegt. Zunächst sollten die Industriezentren Seoul und Busan im Süden des Landes miteinander verbunden werden. Die Umsetzung zog sich jedoch hin. Zum einen war es nötig, die passende Trasse in dem nicht immer einfachen Gelände zu finden, zum anderen musste zwischen den Herstellern der Hochgeschwindigkeitszüge gewählt werden. Näher in Betracht gezogen wurden dabei der französische TGV und der deutsche ICE. Die Entscheidung fiel 1993 schließlich zu Gunsten des französischen Anbieters. Noch im gleichen Jahr bestellte die südkoreanische Behörde, die für den Bau der Hochgeschwindigkeitsstrecke zuständig war, 46 Züge, die auf dem TGV basierten. Nur zwölf der Züge wurden allerdings in Frankreich gefertigt. Der Bau der anderen Exemplare fand bei Hyundai Rotem mit Unterstützung von Alstom in Südkorea statt. Die Züge bekamen die Bezeichnung KTX, was für »Korea Train eXpress« steht. Hyundai Rotem baute die KTX der zweiten und dritten Generation.

Die zweite Generation der KTX-Fahrzeuge, der KTX-Sancheon, stammt von Hyundai Rotem aus Südkorea mit einer Höchstgeschwindigkeit von 300 km/h. Bild: Sammlung Michael Dörflinger

Von Istanbul nach Ankara

Von spanischen Zügen zu Siemens

52

Die Türkei besitzt zwei große Zentren, zwischen denen eine schnelle Zugverbindung sinnvoll ist. Die alte Hauptstadt Istanbul und das von Atatürk zur neuen Hauptstadt erklärte Ankara. Bis 2014 wurde eine Hochgeschwindigkeitsstrecke gebaut, die allerdings in Teilabschnitten vorher schon befahren wurde. Beschafft wurden bei der spanischen Construcciones y Auxiliar de Ferrocarriles (CAF) Triebzüge der Sepia-Serie, zu der auch die RENFE-Bauart 120 gehört, und die von der türkischen Staatsbahn TCDD die Baureihenbezeichnung HT65000 erhielten. Zwölf sechsteilige Garnituren wurden beschafft.

2013 kam dann Siemens mit seinem Velaro TR zum Zug. Das ist ein auf die türkischen Bedürfnisse angepasstes Modell der Velaro-Familie, der wir in diesem Buch bereits öfters begegnet sind. Der hier abgebildete Triebzug HT80001 wurde schon 2013 in die Türkei überführt, die übrigen folgten zwischen 2015 und 2021.

Oben: Spanische Baureihe HT65000. Bild: Sammlung Michael Dörflinger
Unten: Der HT80001 von Siemens. Bild: Siemens

Bezeichnungssystem der UIC

Das »Fachchinesisch« der Wagen

53

Manchmal stößt man bei Eisenbahnwagen auf bestimmte Buchstabenkürzel. Am Beispiel des ICE 1 sollen hier einige Buchstaben erläutert werden. Der ICE 1 besitzt nicht angetriebene Wagen der Baureihen 801, 802, 803 und 804. Diesen werden von der UIC, dem Internationalen Eisenbahnverband (= Union Internationale des Chemins de fer) Buchstabenkombinationen zugeordnet: Avmz, Bvmz oder Bpmz, Bvsmz und WSmz. Zur Erklärung: Der Buchstabe A steht für die 1. Klasse. Folgerichtig wird ein B für die 2. Klasse verwendet. WS steht für einen Wagen mit Bordrestaurant und zusätzlich einem Bordbistro.

Das m steht für einen Personenverkehrswagen mit einer Länge von über 24,5 Metern und Gummiwulstübergängen. Das trifft selbstverständlich auf alle ICE-Wagen zu. Das z bezieht sich darauf, dass der Wagen seine Energieversorgung aus der Zugsammelschiene gewinnt.

(zum Kapitel 54) Durchgang zu den Abteilen eines ICE.

Bild: Claudia Franke

Fast eine Glaubensfrage

54

Großraum oder Abteil?

In der Frühzeit der Eisenbahn hatten sich Personenwagen verbreitet, die aus einzelnen Abteilen bestanden. Jedes Abteil hatte eine seitliche Tür, um den Passagieren das Ein- und Aussteigen zu ermöglichen. Diese Art von Abteilwagen waren in England, dem Mutterland der Eisenbahn, dadurch entstanden, dass man die Karosserien von Postkutschen auf das Fahrwerk der Eisenbahnwagen setzte. Die Abteilwagen setzten sich in fast ganz Europa durch. Sie wurden teilweise bis in die 1930er-Jahre gebaut. Die Nachteile waren offensichtlich: Die Passagiere konnten während der Fahrt nicht den Speisewagen oder die Toilette aufsuchen. Um die Fahrkarten zu kontrollieren, mussten sich die Schaffner auf Trittbrettern von Abteil zu Abteil hangeln, was nicht ungefährlich war.

In Amerika hatten sich schon sehr früh Großraumwagen mit einem Mittelgang zwischen den Sitzreihen verbreitet. Man sprach deshalb auch oft von »amerikanischen Wagen« oder vom »amerikanischen System« Beim ICE gibt es einen gelungenen Mix aus Großraumbereich und Abteilen.

Bei vielen Reisegruppen ist die Vis-à-vis-Anordnung mit kleinem Tischchen im Großraumabteil besonders beliebt. Bild: Claudia Franke

Die 1. Klasse im ICE

55

Es gibt einige Unterschiede zur 2. Klasse

Wie bei den allermeisten Zügen gibt es auch im ICE zwei Wagenklassen. 60 Prozent teurer, aber wesentlich entspannter ist die 1. Klasse. Sie bietet vor allem mehr Beinfreiheit, wodurch ein angenehmeres Sitzen möglich ist. Gleichzeitig ist der Vorder- oder Hintermann etwas weiter weg. So beträgt die Kniefreiheit mindestens 89 Zentimeter, in der 2. Klasse sind es nur 80. Großzügiger sind auch die nur drei statt vier Sitze pro Reihe, das heißt, eine Reihe besteht nur aus Einzelsitzen. Dadurch wird der Gang breiter und man hat auch mehr Platz für sein Gepäck.

Besonderer Service

Da die Bahn mit der 1. Klasse besonders auch Geschäftsreisende ansprechen will, wird für eine möglichst attraktive Ausstattung des Platzes in technischer Hinsicht gesorgt. So besitzt jeder Platz eine eigene Leselampe, es gibt mehr Steckdosen, die besonders für Laptops genutzt werden. Das WLAN ist kostenfrei und ohne Volumenbegrenzung. Im ICE Portal (siehe Seite 133) gibt es zusätzliche Gratisangebote. In der 1. Klasse werden außerdem kostenlose Tageszeitungen angeboten.

Nur für die Kunden der 1. Klasse bietet die DB einen gastronomischen Service am Sitzplatz an. Man ist nicht darauf angewiesen, sich durch die Gänge in das Bordrestaurant aufzumachen. Doch schon vor Fahrtantritt kann man an ausgewählten Bahnhöfen eine Vorzugsbehandlung genießen. Zum Beispiel mit einer exklusiven Reiseberatung mit weniger Wartezeit oder dem Zugang zu den DB Lounges.

Gut zu wissen!

Die 1. Klasse muss nicht immer teurer sein. Wer sich ein bisschen schlau macht, was den Reisezeitpunkt betrifft oder bestimmte Strecken oder frühzeitig bucht, kann sich mit einem Supersparpreis sehr günstige Tickets kaufen. Immer wieder gibt es auch Sonderangebote zusammen mit Kooperationspartnern. Oder man erhält als Bahncard-Kunde ein Upgrade. Die oben genannten Vorteile der 1. Klasse gelten natürlich auch für solche Passagiere, die nicht den vollen Preis bezahlen.

Die Sitze im ICE

56

Kunden und Ergonomieexperten entscheiden

Als Premiumprodukt der Deutschen Bahn war es stets besonders wichtig, dass sich die Bahnkunden in ihren Sitzen wohlfühlten. Dabei gab es Unterschiede zwischen der 1. und 2. Klasse. So sind die Sitze der 2. Klasse nur mit verstellbarer Rückenlehne ausgestattet, in der 1. Klasse kann man zusätzlich auch die Sitztiefe einstellen. Bei den neueren Sitzen ist eine Verstellung der Rückenlehne nicht mehr möglich. Früher gab es noch Kopfhörerbuchsen am Sitz. Wenn man da seinen Kopfhörer anschloss, gab es Musik zu hören. Diese Aufgabe erfüllt in weit umfangreicherer Weise das ICE Portal (siehe Seite 133).

Seit Juli 2020 baut die DB neue Sitze im ICE 4 und im modernisierten ICE 3 ein. Sie sollen dank weicherer Polsterung und Memory-Schaum an Sitz- und Rückenpolster deutlich bequemer sein. Die Polsterkonturen erlauben eine entspanntere Nackenposition und mehr Bewegungsfreiraum im unteren Rückenbereich. Die neuen Sitze wurden in Zusammenarbeit mit Ergonomieexperten entwickelt und von Probanden im Labor ausgiebig getestet. Später durften gut 5.800 Fahrgäste die Sitze in ausgewählten ICE-Zügen im Regelbetrieb probieren und wurden danach um ihr Urteil gebeten. Allerdings geht es nun deutlich enger zu, denn die Platzkapazität ist mit dieser Bestuhlung etwas vergrößert worden.

Im ICE sitzt man deutlich bequemer als in jedem anderen Zug der Deutschen Bahn AG. Bild: Claudia Franke

Innenraumdesign des ICE 1

Liebevoll „fahrendes Wohnzimmer" genannt

57

Wer einen Blick auf das ursprüngliche Innenraumdesign des ICE 1 wirft, der wird feststellen, wie wohnlich die Ausstattung damals wirkte. In der Tat hatte man damals eine andere Philosophie des Verkehrs entwickelt. Das Design sollte dabei eine neue Kultur des Bahnreisens schaffen. So entstand dieses bunte und großzügige Design unter der Federführung von Jens Peters, der schon für die Gestaltung der InterRegios bekannt wurde.

Das Bordrestaurant vor dem Redesign war für damalige Zeiten sehr anspruchsvoll gestaltet und galt als Highlight. Bild: Claudia Franke

Die großzügigen Sitze in der 1. Klasse ließen sich in der Neigung sehr weit verstellen, waren äußerst bequem und wirkten fast wie ein Sessel. Alle Bilder: Claudia Franke

Die Sitze waren in ihrer Neigung sehr weit verstellbar und wirkten fast schon wie Sessel. Es gab Videobildschirme und Audiomodule, Telefonzellen, ein Konferenzabteil und natürlich auch den in Rosatönen gehaltene Speisewagen. Einige ICE-1-Züge waren als Ideenzüge unterwegs mit einem eigenen Serviceabteil, ausleihbaren Spielboxen, Obstkörben, Zugsekretärin und vielem mehr.

Aber auch die Sitze in der 2. Klasse waren auffällig im Design und auch für längere Zugfahrten gut geeignet.

Redesign des ICE 1

Es rettete Arbeitsplätze im Aw Nürnberg

58

Nach rund 14 Jahren Betriebseinsatz wurde es Zeit für eine Auffrischung der Züge. Sie hatten bis dahin schon eine Laufleistung von rund jeweils sieben Millionen Kilometern zurück gelegt. Somit wurde Anfang 2004 das Redesign-Konzept vorgestellt. Die Arbeiten wurden im Ausbesserungswerk Nürnberg vorgenommen, was dort den Erhalt von mehreren hundert Arbeitsplätzen bedeutete.

Die Umbaumaßnahmen

Im Sommer 2005 startete das Redesign mit dem Triebzug 111 „Nürnberg". In fünf Wochen Standzeit wurde ein kompletter Triebzug rundherum erneuert und modernisiert. Insbesondere die komplette Neugestaltung im Innenraum angepasst an das Design der anderen ICE-Generationen war die größte Veränderung. Alle Züge erhielten eine neue Beleuchtung, neue schmalere und leichtere Sitze, neue Teppichböden. Die

Das Bordrestaurant im Redesign zeichnet sich durch eine fast schon sterile Ausstattung aus. Charakteristisch geblieben sind immer noch die Fenster im Dachbereich. Bild: Claudia Franke

Abteile blieben natürlich erhalten. Zwar wurde das Audio- und Videoprogramm deinstalliert, aber im Zeitalter von Tablets und Handys war dieses überflüssig geworden. Es wurden elektronische Sitzplatzreservierungen eingebaut und das Restaurant erhielt die bekannten roten Sitzbänke. Im Dezember 2008 wurde das Redesign abgeschlossen, rund drei Millionen Euro wurden dabei pro Triebzug investiert. Eine Neuanschaffung wäre erheblich teurer geworden.

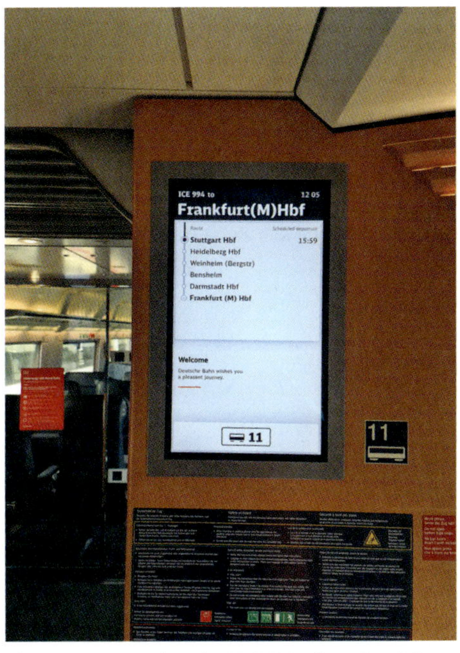

Die neuen FIS-Anzeigen im LDV-401 zeigen dem Fahrgast schon im Einstiegsbereich, in welchem Zug er sich befindet. Bild: Claudia Franke

Mittlerweile sind weitere 15 Jahre Betriebseinsatz vergangen und man überlegte, wie man mit dem ICE 1 weiter vorgehen möchte. Aufgrund seiner Zuverlässigkeit, dem Zustand der Fahrzeuge und der Kapazität entschloss man sich für ein weiteres Redesign, die Lebensdauerverlängerung „LDV".

Die erneuerten Triebköpfe

Hierbei werden die Triebzüge von zwölf auf neun Mittelwagen verkürzt. Mittelwagen im schlechten Zustand werden ausgemustert und verschrottet. Die Triebköpfe werden dabei auch überarbeitet, insbesondere die Antriebstechnik wird dabei in den Fokus genommen. So erhalten auch die GTO-Triebköpfe neue IGBT-Stromrichter von ABB. Ein Fahrgastinformationssystem, wie man es aus dem Redesign ICE 3 kennt, wurde nun auch hier eingebaut. Durch diese Maßnahmen ist ein weiterer Einsatz bis zum Jahre 2030 garantiert. Eingesetzt werden diese verkürzten Einheiten vor allem auf touristischen Linien, im Entlastungsverkehr oder auch als Sprinter.

Innenraumdesign des ICE 2

Poppige Farben als Designmerkmal

59

Die 1996 in Betrieb genommenen ICE-2-Garnituren hatten ein ähnliches buntes Design wie sein Vorgänger, der ICE 1. Jedoch waren die Sitze der Firma Grammer in der Form schon so gestaltet, wie man sie dann die nachfolgenden Jahre in anderen ICE-Baureihen wiedergefunden hat. Die Sitzbezüge waren jedoch in der 2. Klasse in Mintgrün gehalten, in der 1. Klasse waren sie in einem dunklen Rosaton bzw. Bordeauxrot. Farblich dazu die Teppichböden. Das Bordrestaurant hatte eine klassische Bestuhlung in Grautönen, das Bordbistro hingegen war wieder sehr farbenfroh gestaltet und lud zum Verweilen ein. Ein Kleinkindabteil mit Klettergarten rundete das Konzept der neuen Reisekultur ab.

Die 1. Klasse war in einem markanten Farbton gehalten, die Sitze waren im Vergleich zum ICE 1 wesentlich schmaler im Design. Bild: Claudia Franke

In der 2. Klasse sieht man fast die gleiche Sitzform, der Farbton ist hier der wesentliche Unterschied zur 1. Klasse. Bild: Claudia Franke

Redesign des ICE 2

60

Nach einem Redesign ist Schluss

Nach rund 14 Jahren im Einsatz haben die ICE-2-Züge rund je acht Millionen Kilometer zurückgelegt. Die geplante Lebensdauer ist somit erreicht. Die Deutsche Bahn prüfte, die Züge für weitere 15 Jahre Betriebseinsatz fit zu machen. Es standen verschiedene Projekte zur Auswahl. Das Redesign begann im Oktober 2010 und dauerte bis 2013. Es wurde im Werk Nürnberg durchgeführt und sicherte erneut über 300 Arbeitsplätze. Das ICE-Werk in Berlin-Rummelsburg übernahm dabei die Vorarbeiten wie die komplette Entkernung und Bearbeitung des Holzfußbodens. Dieser wurde mit Spachtelmasse und PVC überzogen, damit der neue Teppich verlegt werden konnte. Diese zusätzliche Versiegelung des Unterbelags erlaubte eine noch bessere Reinigung des neuen Teppichs.

Nach Angaben der DB kostete das Projekt rund 100 Millionen Euro. Die 46 Triebköpfe, 45 Steuerwagen und über 260 Mittelwagen wurden runderneuert. Rund 45 Millionen Euro waren für Ersatzteile und Ausstattung berechnet. Mitte Mai 2009 schrieb die Bahn außerdem die Beschaffung von über 17.000 Sitzen sowie 1.600 Tischen und Restaurantsitzen für alle Bordrestaurants aus. Den Zuschlag für die neuen Sitze erhielt die Firma

Das Bordrestaurant nach dem Redesign hat auch das einheitliche Farbschema erhalten, die dezenten Grau-Töne sind genauso wie die echte Bestuhlung verschwunden. Bild: Claudia Franke

Ein Blick in die 2. Klasse, die Sitze vermitteln den Eindruck, mehr Privatsphäre zu haben. Das Farbkonzept ist nun bei allen ICE einheitlich. Bild: Claudia Franke

Fainsa. Als Musterzug befand sich seit Oktober 2010 Triebzug 232 „Frankfurt (Oder)" im Redesign. Er wurde Mitte Januar 2011 fertig gestellt und der Presse vorgestellt. Danach begann die durchgehende Fertigung Redesign ICE 2, wobei immer drei Triebzüge gleichzeitig abgestellt wurden. Ende 2011 war etwa die Hälfte der ICE-2-Züge umgebaut, im Juni 2013 wurde der letzte modernisierte Triebzug ausgeliefert. Er wird kein weiteres Redesign mehr erhalten, da sein Einsatz in den nächsten Jahren enden soll.

In der 1. Klasse gibt es nach wie vor Lederbezüge und eine 2+1-Reihenanordnung. Bild: Claudia Franke

Innenraumdesign des ICE 3

61

Modern, aber gemütlicher?

Für den ICE 3 wurde nach rund 15 Betriebsjahren ein Redesign beschlossen. Dieses läuft seit 2017 und macht die Züge für weitere 15 Jahre fit. Der Umbau findet im Ausbesserungswerk Nürnberg statt, wo die Züge komplett entkernt, neu lackiert und modernisiert werden. Hier erhalten die Fahrzeuge auch gleich ETCS eingebaut.

Die neuen Sitze sind dabei die gleichen, die man schon im ICE 4 eingebaut hatte. Dabei lässt sich die Rückenlehne verstellen, ohne das der Reisende dahinter etwas davon bemerkt. Neue Gepäckregale mit mehr Stauraum wurden installiert. Das Fahrgastinformationssystem wurde deutlich verbessert mit gut sichtbaren Monitoren und Deckengondeln.

Eine große Veränderung und lang ersehnt ist das Bordrestaurant. Es ist wieder vollwertig ausgestattet mit Tischen und Sitzbänken, wie man es aus den anderen Baureihen kennt. Insgesamt wirkt das Redesign frisch und modern, wenn auch so mancher erfahrener Reisender das alte Design vielleicht gemütlicher fand.

Das endlich eingebaute Bordrestaurant hat im ICE 3 lange auf sich warten lassen und findet großen Anklang. Das Designschema ist mit anderen ICE-Typen gleich. Bild: Claudia Franke

Die 1. Klasse zeigt sich bereits mit den Sitzen, die dem 412 gleich sind. Bild: Claudia Franke

Die 2. Klasse ähnelt dem ICE 4 auch, das charakteristische 403-Design aus den 2000ern ist verschwunden. Bild: Claudia Franke

Innenraumdesign des ICE 4

62

Interieur und Design sind eine Art Bühne

ICE 4, das bedeutet lange Mittelwagen und viele Sitzplätze. Es gibt wenig Abwechslung in der Gestaltung der Sitzlandschaften und bei gutem Standpunkt kann man fast durch den kompletten Zug hindurch sehen. Dieser dezente und zurückhaltende Eindruck ist vom Team Markendesign der DB gewollt. Dabei soll das Interieur und Design des Fahrzeugs eine Art Bühne sein, auf der die Fahrgäste Farben und Musik mit ins Fahrzeug bringen, so die Philosophie der Gestaltung heutzutage. Dabei muss ein großes Publikum gleichzeitig angesprochen werden, damit es sich während der gemeinsamen Zugfahrt wohl fühlt. Und somit muss ein Design bis zu 15 Jahre zeitlos sein, bevor ein Redesign durchgeführt wird.

Die Sitze gelangten in den letzten Jahren schnell in den Fokus, es hagelte Beschwerden bei der Deutschen Bahn. So entschloss man sich, an die 60.000 Sitze in ICE 3 und ICE 4 auszutauschen, was seit Juli 2020 im ICE-Werk München geschah.

Ein Blick in die 1. Klasse mit bekannter Sitzanordnung, Abteile gibt es hier keine mehr.

Bild: Claudia Franke

Auch in der 2. Klasse gibt es keine verschiedenen Sitzbereiche mehr, dafür sind die Wagenkästen länger. Bild: Claudia Franke

Das Restaurant hat zum ersten Mal einen dunkleren Farbton der Sitzbezüge erhalten und wirkt mit der hellen Wandverkleidung edler. Bild: Claudia Franke

63 Die Lounge des ICE

Eine Glasscheibe sorgt für Diskussionen

Für den ICE 3 und ICE T gab es 1994 einen Designwettbewerb. Das Büro um Alexander Neumeister legte dafür verschiedene Entwürfe über die Neugestaltung vor. Wesentlicher Bestandteil war die »Lounge« hinter dem Führerstand, ein neuartiges Fahrzeug-Gesamtkonzept. Wo bisher Triebköpfe für die Antriebe sorgten, sind nun sämtliche Geräte und Antriebe unterflur verteilt worden. Für die Sitzlandschaft in der Lounge gab es verschiedene Entwürfe. Von halbrunden, U-förmigen Sitzgruppen bis hin zur heutigen Bestuhlung war alles dabei. Auch war der Führerstand anfangs oberhalb der Lounge vorgesehen, ließ sich aber technisch nicht umsetzen.

Besonders begehrt ist die Lounge, weil man dem Geschehen auf der Strecke zusehen kann. Solch Einblicke waren früher nur bekannt aus Führerstandsmitfahrten, die im Fernsehen ausgestrahlt wurden. Gerne ließen sich die Triebfahrzeugführer anfangs auf dem neuen ICE 3 über die Schulter schauen. Doch diese freie Sicht führte auch immer öfters zu Problemen. Bei kritischen Situationen ist eine automatische Umschaltung der Scheibe zur Undurchsichtigkeit nicht möglich, obwohl es dafür auch verschiedene Versuche gab.

Die Lounge im ICE 3 Redesign. Bild: Claudia Franke

Mitte der 1990er-Jahre wurde dann das elektrochrome Glas entwickelt, serienreif und beim ICE 3 und ICE T eingebaut. Beim Einschalten dieser Scheibe richten sich die Kristalle in der in der Glasscheibe integrierten Folie in eine Richtung aus, wodurch die Scheibe durchsichtig wird. Wenn der Strom abgeschaltet wird, wird die Scheibe »blind«. Immer öfters sind die Scheiben »milchig« geschaltet, was manche Reisende, die gezielt die Aussicht genießen wollen, bedauern.

Eine Verpflichtung zum Durchsichtigschalten besteht nicht und kann auch technische Gründe haben. Ein Anspruch auf den freien Blick über die Schulter des Triebfahrzeugführers besteht nicht. Bei den nachfolgenden Baureihen wie dem Velaro D und dem ICE 4 hat man zugunsten der technischen Ausstattung, Wartungsfähigkeit und einer strukturierterem Fahrgastraum auf dieses Lounge-Konzept verzichtet.

Klimaanlage

64

Auch sie kommt mal ins Schwitzen

Die Klimaanlagen sind ein beliebtes Thema unter den Reisenden. Jeder hat ein anderes Wärme- und Kälteempfinden und jeder Fahrgast soll sich während der Fahrt wohl fühlen können. Leider kommt auch eine Klimaanlage im ICE mal zum Schwitzen. Jeder Wagen im ICE besitzt eine eigene Kaltdampf-Klimaanlage. Diese sitzt im mittleren Dachbereich und versorgt durch die Lochdecke den gesamten Wagen gleichmäßig. Beim ICE 4 wurden pro Wagen zwei unabhängige Kreisläufe eingebaut, um beim Ausfall einer Anlage weiterhin klimatisieren zu können.

Die Klimageräte bestehen im Wesentlichen aus einem Kompressor, Verdampfer, Verflüssiger, Hochdruckwächter und einem Expansionsventil. In diesen Anlagen zirkuliert ein Kältemittel durch geschlossene Röhren. Dieses Mittel ist, je nach Temperatur und Druck entweder flüssig oder gasförmig. Beim Wechsel dieser Zustände gibt das Mittel Energie ab, die dann zum Betrieb der Anlage genutzt wird. Solch eine Klimaanlage ist für Außentemperaturen von bis zu 45°C ausgelegt und die Temperatur im Wagen wird entsprechend angepasst. Bei Begegnungen mit anderen Zügen oder im Tunnel sorgt ein Druckschutz kurzzeitig für die Unterbrechung der Außenluftzufuhr. Dieses Geräusch ist oft zu hören und bei manchen Baureihen erkennt man diesen Druckschutz auch an den kleinen Löchern an der Fahrzeugseite.

Neue Techniken sollen helfen

Dennoch kommt es hin und wieder zu einer reduzierten oder gar komplett ausgefallenen Kühlleistung. Gerade beim ICE 3 war dies zu Beginn seiner Einsätze ein großes Thema und immer wieder im Fokus. Gründe dafür sind vielfältig und können in der Steuerung entstehen bis hin zu einem verstopften Filter. Bei unzumutbaren Verhältnissen wird der Wagen vom Zugbegleitpersonal geräumt, eine Instandhaltung kann in den allermeisten Fällen nur in den Werken erfolgen. Spezielle Instandhaltungsprogramme wie Winter- und Sommerfestmachung sind fester Bestandteil der Wartungszyklen.

Der Hersteller Liebherr hat 2015 im Auftrag des Umweltbundesamtes zusammen mit der DB auf einem ICE 3 ein neues Projekt getestet. Dabei handelte es sich um eine kaltluftbetriebene Klimaanlage ohne Kältemittel, das Air-Cycle-Klimasystem, die Ergebnisse waren positiv.

Toiletten

Vom Fallrohr zum hoch sensiblen System

65

Der eine oder andere wird sich noch an die Zeiten erinnern, als die Toiletten in den Zügen nicht in Bahnhöfen genutzt werden durften. Der Grund war simpel. Diese Toiletten waren offen und die Abfälle wurden über ein Fallrohr auf das Gleisbett entsorgt. Insbesondere bei älteren Schienenfahrzeugen im Ausland sind solche Toiletten heute noch Standard.

Beim ICE kann solch ein System aufgrund der hohen Geschwindigkeiten und der entstehenden Drücke, zum Beispiel bei Tunnelfahrten, nicht verwendet werden. Im ICE werden Vakuum-Toiletten verbaut. Diese bestehen aus einem geschlossenen System. Sie sind komplexe, computergesteuerte Systeme in denen Pneumatik, Wasser- und Abwassersysteme, Elektronik und Steuerungstechnik kombiniert worden sind und die eine umweltfreundliche und wassersparende Entsorgung gewährleisten. Bekanntester Hersteller ist die Evac GmbH aus Wedel sowie Semco.

Sorgfalt ist nötig

Da dieses Unterdruck-System, welches die Abfälle über Pumpen, Ventile und schmale Rohre in die Tanks befördert, sehr anfällig ist, kann es leicht zu Verstopfungen und zum Ausfall des WCs führen. Daher dürfen vor allem keine Hygieneartikel in der Toilette entsorgt werden. Die Wassertanks befinden sich im Dachbereich, während sich die Fäkalientanks unterflur befinden und von außen mit einem »Rüssel«, wie er gerne genannt wird, bei der Fahrzeugreinigung abgesaugt werden können. Es kam auch schon vor, dass »Toilettenpausen« für ICEs gemacht wurden, wenn durch Wassermangel, volle Tanks und Verstopfungen der Großteil der Toiletten ausgefallen war. Ein Anspruch auf Entschädigung im Falle von ausgefallenen Toiletten besteht generell nicht, in der Vergangenheit gab es bereits verschiedene Gerichtsurteile. Ein kleines Detail zum ICE 1. Dieser besaß vor dem Redesign zwei Toiletten pro Wagen, allerdings nur in der 2. Klasse. Diese waren in Rosa und Blau gehalten und waren als Trennung für Damen und Herren gedacht. Von dieser Trennung kam man allerdings bei den nachfolgenden Baureihen wieder ab.

Rechte Seite: Ein direkter Vergleich der zwei Akzentbeleuchtungen – morgens und abends. Bilder: Claudia Franke

Beleuchtung im Innenraum

66

Bessere Stimmung durch moderne LED-Technik

Das Thema Licht beschäftigt Designer, Forscher und Hersteller schon lange. Mit dem richtigen Beleuchtungskonzept können verschiedene Stimmungen bei den Reisenden ausgelöst werden. So sorgt ein höherer Blau-Anteil im Licht dafür, dass wir Menschen wacher bleiben, während rötliches Licht entspannt. Weiterer wichtiger Punkt ist auch eine ausreichende Beleuchtung aller Ecken, Trittstufen und Notfalleinrichtungen, damit sich die Fahrgäste sicher fühlen können. Daher wurde für den ICE 4 ein völlig neues Lichtkonzept entwickelt, welches bei noch keinem anderen ICE verwendet wurde.

Der finnische Hersteller Teknoware hat für den ICE 4 die Beleuchtung geliefert. Das System nutzt die neueste LED-Generation, die Regelung erfolgt über einen CAN-Bus und spart bis zu 50 Prozent der Energiekosten ein. Im Automatikbetrieb variieren die Beleuchtungsstärke sowie die farbige Akzentbeleuchtung abhängig von der Tageszeit. Farblich ist eine breite Palette möglich. Im Normalmodus ist das Licht ohne farbliche Akzente und Kaltweiß mit 3000 bis 5000 K, was leider nicht bei jedem Reisenden eine Wohlfühlatmosphäre auslöst. Eine Notbeleuchtung sorgt bei längeren Ausfällen der Stromversorgung weiterhin für Sicherheit. Leselampen an den Sitzen können bei Bedarf vom Reisenden zugeschaltet werden.

Bei den anderen ICE-Baureihen wurden Halogen-Spots verbaut. Beim ICE 1 und 2 vor dem Redesign noch handelsübliche Leuchtstoffröhren hinter futuristisch gestalteten Design-Elementen. Beim ICE T führten die Halogenspots in der Lounge schon zu Beschädigungen, wenn Gepäckstücke in den Ablagen bis zur Decke reichen. Mittlerweile werden deswegen Warnaufkleber neben den Spots angebracht.

67 Im Bordrestaurant

Von Currywurst bis Biospezialität

Früher gehörten Speisewagen zum Zug dazu wie der Tomatensaft im Flugzeug. Gerade die »Mitropa« war als Betreiber der Speisewagen für viele Reisende ein Begriff. Noch im ICE 1 war ein Besuch des Bordrestaurants, welches wirklich edel ausgestattet war, eine Pflicht und ein Genuss. Auch beim ICE 2 setzte man auf ein vollwertiges Restaurant.

»Bei 300 km/h ist der ganze Zug das Restaurant!«

Doch mit Einführung des ICE 3 ging man neue Wege und trennte sich auch von der Mitropa. Kerngedanken der DB waren damals, dass der gesamte Zug nun das Restaurant sei und ein separater Wagen dafür nicht mehr notwendig sei. Außerdem hätte man bei dem 300 km/h schnellen ICE 3 ohnehin kaum noch Zeit für einen ausgiebigen Restaurant-Besuch. Somit gab es fortan kein vollwertiges Restaurant mehr, lediglich einen Stehplatzbereich und den Bistro-Bereich. Man setzte auf das Konzept, am Platz speisen zu können, was zum Teil zu missbilligenden Blicken der Mitreisenden führte. Mobile Verkaufswagen, die Snack-Caddys, die sich wäh-

Im Bordrestaurant des ICE isst es sich gemütlicher als am Platz. Bild: Sammlung Michael Dörflinger

rend der Achterbahnfahrt auf der Schnellfahrstrecke durch die vollen Gänge schieben mussten, rundeten das Angebot ab. Im Zuge des Redesigns gibt es beim ICE 3 nun endlich wieder ein vollwertiges Bordrestaurant.

Wie kommt es nun zur Auswahl der angebotenen Speisen? Hier spielen viele Faktoren eine Rolle. Vor allem aber die Umsetzbarkeit in der Bordküche. Das Angebot soll zudem für das breite Publikum passend sein, von Bio-Qualität über vegan, nachhaltig und vegetarisch. Aber auch die gern gesehenen Klassiker wie die Currywurst oder Snickers dürfen nicht fehlen. Ein Team erstellt unter all diesen Aspekten eine Menükarte. Als nächstes folgt die Ausschreibung, bei der es auch Kostproben zu bewerten gibt. Danach fällt die Entscheidung und die Speisen sind kurze Zeit später in den ICE-Zügen erhältlich. Dabei ist die Warenlogistik immer stets am Ball. Beim ICE 4 erfolgt die automatische Nachbestellung, sobald die Artikel einen gewissen Bestand erreicht haben. Dies ist durch das vernetzte Kassensystem möglich. Die Lieferung kann unterwegs an bestimmten Bahnhöfen erfolgen. Noch vor einigen Jahren mussten diese Bestellungen manuell mit Listen vom Personal angestoßen werden.

68 Das Bordbistro

Etwas einfacher

Für den schnellen Imbiss am Platz oder einem kleinen Snack im Stehen ist das Bordbistro die richtige Wahl. Hier können Reisende aus dem reichhaltigen Angebot auswählen und ihre Speisen und Getränke bestellen und mit an den Platz nehmen oder an einem Stehtisch verzehren. Einen Unterschied im Sortiment gibt es nun nicht mehr – wie es früher einmal der Fall war. Auch die Preise sind in beiden Verkaufsbereichen gleich. Es kann aber vorkommen, dass sich bei viel Kundenaufkommen das Angebot im Bordbistro verändert.

Blick in das Bordbistro. Bild: Claudia Franke

Fahrgastinformationssysteme

Steckkarten haben ausgedient

69

Noch bei der ersten ICE-Generation war es ein typisches Bild, die Sitzplatzreservierungen wurden mittels Kärtchen gesteckt. Dies änderte sich aber schon Mitte der 1990er-Jahre beim ICE 2, wo Sitzplätze nun elektronisch über den Plätzen angezeigt wurden. Doch was gehört eigentlich noch alles zum Fahrgastinformationssystem in einem ICE? Alles, was auf Displays angezeigt wird, ebenso wie früher die Bord-Unterhaltungsprogramme, Personenrufsysteme, Ansagesystem, Kartentelefone, Faxgeräte und BTX-Terminals. Mit den Terminals war es möglich, sich Reiseverbindungen selbst auszudrucken oder sich über Hotels und Sehenswürdigkeiten am Zielort zu informieren.

Die Bedienung war etwas mühsam und in die Jahre gekommen und die Ausdrucke erfolgten auf Thermopapier. Noch heute sind im ICE T im Einstiegsbereich die Telefonzellen bzw. die Druckausgabe-Schlitze der früheren Terminals zu entdecken.

Für die Reisenden standen früher über kleine LCD-Monitore in den Sitzen Videoprogramme und Audioprogramme über Module zwischen den Sitzen zur Verfügung. Mittels DVDs, CDs oder Kassetten wurden dabei

Alle wichtigen Infos zur Reiseverbindung zeigen Monitore an. Bild: Siemens AG

Das alte BTX-Terminal im ICE 1 vor dem Redesign konnte noch für Abruf von Informationen genutzt werden. Zur Einführung des ICE 1 im Jahr 1991 war es ein absoluter Fortschritt für die Kunden. Bild: Claudia Franke

monatlich wechselnde und feststehende Bordprogramme eingespielt, zudem konnten Rundfunkprogramme empfangen werden. Doch die Zeiten änderten sich, WLAN hielt Einzug in den ICE und somit verschwand auch diese Technik. Das »ICE-Portal« entwickelte sich und bietet dem Reisenden heutzutage ein umfangreiches Unterhaltungsprogramm an.

Vom Fax zum GPS

Auch zum Standard gehörten Kartentelefone, Anrufbeantworter und Faxgeräte, die selbst beim ICE 3 und ICE T noch einige Jahre vorhanden waren. Beim ICE 1 und ICE 2 konnte ein Anrufbeantworter besprochen werden. Das Zugpersonal schrieb diese Anrufe auf und suchte die Reisenden, für die diese Anrufe galten. Dafür hatte jede Zugnummer seine eigene Telefonnummer. Diese Zeiten haben sich mit den heutigen Tablets und Handys gewandelt. Selbst der 30 Jahre alte ICE 1 hat nun im Zuge seiner Lebensdauerverlängerung ein modernes FIS mit GPS bekommen. Große Monitore im Einstiegsbereich zeigen dem Fahrgast verschiedenste aktuelle Informationen. Dafür fanden im Jahr 2021 Messfahrten statt und so kam der ICE 1 sogar bis nach Lindau und Norddeich-Mole, wo er nun planmäßig verkehrt.

Das Reisen mit Kindern

70

Die Deutsche Bahn tut viel für Familien

Seit 12. Dezember 2021 erlaubt die Bahn vier Kindern über sechs Jahren die Gratismitfahrt mit einer Person über 15 Jahre, gleichgültig ob verwandt oder nicht. Kinder unter Sechs reisen immer umsonst. Doch nicht nur bei den Kosten wird das Bahnfahren für Kinder attraktiv, sondern auch während der Reise. So bietet das Bordrestaurant ein ICE Kindermenü in der Snackbox an – mit einer kleinen Überraschung. Alle Kinder unter 15 Jahren erhalten außerdem gegen Vorlage der Kinderfahrkarte im Bordbistro eine Spieleüberraschung vom kleinen ICE und eines der beiden Kindermagazine »LeseLOK« oder »miniLOK«.

Entertainment und abgetrennte Bereiche

Auf Strecken, wo bekanntermaßen viele Kinder mitfahren, setzt die DB an den Wochenenden Kinderbetreuungs-Teams ein, die mit den Kleinen spielen und die Eltern entlasten. Dadurch sorgen sie natürlich auch für mehr Ruhe, was die anderen Reisenden zu schätzen wissen. Über

Das Fahren mit dem ICE ist für Kinder deutlich angenehmer als im Regionalzug. Die DB hat sich über die Kunden der Zukunft viele Gedanken gemacht. Bild: Jutta Greuling

Spiele und eine kinderfreundliche Dekoration sorgen für eine abwechslungsreiche Reise für die kleinen Fahrgäste. Bild: Siemens AG

das ICE Portal (siehe Seite 133) stellt die Deutsche Bahn Spiele, Vorlesegeschichten oder Comics bereit, die die Langeweile vertreiben helfen, wenn die Bahnfahrt unendlich zu sein scheint.

Reisende mit kleinen Kindern können das Kleinkindabteil reservieren, wo es auch einen Wickeltisch gibt. Mit Kindern im Kindergarten- und Grundschulalter bietet sich der extra geschaffene Familienbereich an. Dort stehen vielerlei Spielmöglichkeiten zur Verfügung. Die Passagiere finden diese Sitzplätze dank den außen am Zug angebrachten Symbolschildern, hier zwei weißen Eltern und ein Kind auf einem blauen Quadrat.

Barrierefrei reisen

71 Die Mobilitätsservice-Zentrale hilft

Bahnreisende mit Handicap waren vor wenigen Jahren noch vor massive Probleme gestellt. Hier hat sich zum Glück sehr vieles gebessert. Die DB hat eine Mobilitätsservice-Zentrale (MSZ) eingerichtet, die sich um Fahrgäste kümmert, die körperlich oder geistig beeinträchtigt sind und Hilfe benötigen. Wenn man sich vorher angemeldet hat, unterstützen Mitarbeiter der MSZ beim Weg zum richtigen Bahnsteig, helfen mit einem Hublift für den Rollstuhl beim Einsteigen oder führen Sehbehinderte zu ihrem Platz. Bei Bedarf warten am Umsteigebahnhof weitere Hilfskräfte und unterstützen die Reisenden beim Umstieg in den anderen Zug.

Mit der Modernisierung der Bahnhöfe seit den letzten Jahren werden Aufzüge und andere Hilfsmittel eingebaut, um möglichst viele Hindernisse zu überwinden. Für gehörlose Passagiere bietet die DB außerdem einen Live-Chat an, mit dem Fragen schriftlich beantwortet werden können. Oder man korrespondiert per SMS.

Sehbehinderte können ihren Sitzplatz dank der zusätzlich zu den arabischen in Blindenschrift angebrachten Ziffern erfühlen. Bild: Siemens AG

72

Das ICE Portal

Service online im Zug

Mit dem ICE Portal macht die Bahn ihren Kunden ein Onlineangebot. Ein im ICE aufgestellter Server kann mit dem Browser eines eigenen Geräts über das sogenannte ICE Portal kommunizieren. Über dieses zugbasierte Netzwerk kann man aktuelle Reiseinformationen und Nachrichten abrufen. Doch das wahrscheinlich beliebteste Feature ist ein großes Entertainment-Angebot: Bis zu 150 verschiedene Filme oder Serien können geschaut werden, es gibt spannende Hörbücher und Podcasts, außerdem stehen verschiedene Magazine und tagesaktuelle Zeitungen zur Verfügung. Wer lieber aktiv entspannen will, kann das mit einigen der angebotenen Computerspiele tun. Das Angebot wechselt monatlich. Es gibt aber Angebote, die immer abrufbar sind. Dazu gehören acht verschiedene Sprachkurse.

Das ICE Portal gibt einen tagesaktuellen Überblick über das Speisenangebot im Bordrestaurant. Passagiere der 1. Klasse können sich ihre Bestellungen aus dem Restaurant gleich online bestellen, ohne auf einen Servicemitarbeiter warten zu müssen.

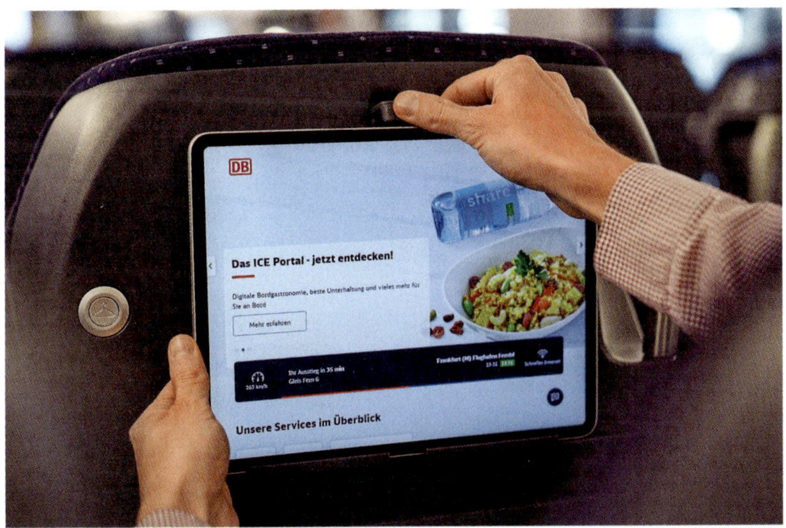

In der 1. Klasse kann in der Regel das Essen über das ICE Portal direkt an den Tisch bestellt werden. Das funktioniert auch mit einem Smartphone. Bild: Siemens AG

73 Das Fahrrad und der ICE

Lange war das keine Liebesbeziehung

Die Älteren unter uns erinnern sich bestimmt noch daran, dass in manche Züge früher ein Gepäckwagen eingereiht war, zu dem man sein Fahrrad dirigierte, um es einem Bahnmitarbeiter hochzuhieven, der den Drahtesel dann in den Wagen abstellte. Beim Ausstieg nahm man das Zweirad wieder in Empfang. Umständlich und man brauchte auch noch einen zusätzlichen Mitarbeiter. In den Regionalzügen wurden später Mehrzweckbereiche mit Klappsitzen eingeführt, in denen man sein Fahrrad abstellen kann. Doch im Fernverkehr suchte man eine derartige Möglichkeit vergebens.

Vom Versand zum Umdenken

Man musste aber nicht auf sein Gefährt verzichten, denn die Bahn bietet einen Versandservice an. Dabei wird das Fahrrad vom Dienstleister Hermes wie ein Gepäckstück von Haustür zu Haustür verschickt. Das ist einerseits bequem, aber auch zeitaufwendig und umständlich. Mit dem verstärkten Aufkommen von Fahrradreisen Ende der 1990er-Jahre be-

Im ICE 4 wurden die Mitnahmemöglichkeiten für Fahrräder und die passenden Ständer gleich bei der Planungsphase integriert. Bild: Claudia Franke

Radreisen werden seit einigen Jahren immer beliebter Für die Anfahrt ist der Zug eine optimale Lösung, weil man dann nicht zum Startpunkt zurück muss. Bild: Siemens AG

gann ein langsamer Gesinnungswandel. Doch es sollte bis 2017 dauern, dass erstmals im ICE 4 serienmäßige Fahrradabstellplätze zur Verfügung gestellt wurden. Die älteren Wagen werden sukzessive umgebaut. Wer wissen möchte, ob die eigene Reisestrecke die Fahrradmitnahme anbietet, kann sich auf der Internetpräsenz der DB AG einen Überblick verschaffen. Auf jeden Fall muss man den Stellplatz vorab reservieren, was mit dem Kauf der Fahrradkarte geschieht. Für längere Touren ist die Bahn ideal, denn man kann an einem Ort starten und den Endpunkt der Reise so wählen, dass dort wieder ein Bahnhof zu finden ist.

Arbeitsplatz ICE

74

Der moderne Führerraum der Zukunft

Der eine oder andere verbindet mit dem Lokführer den klassischen Beamten auf einer Dampflok, der mit dem Heizer zusammen eine Vielzahl von Ventilen, Hähnen und Reglern zu bedienen hatte, um die Dampflok in Bewegung zu setzen. Die Führerstände der damaligen Zeit waren alles andere als ergonomisch, sie waren einfach funktionell und anfangs musste der Lokführer, oder Maschinist, wie er früher genannt wurde, stehen. Später mit der Entstehung der Einheitselektroloks in den 1950ern waren die Führerstände dann schon anders konstruiert. Der Lokführer konnte nun sitzen und hatte alle Bedienelemente in greifbarer Nähe. Doch die Technik entwickelte sich immer weiter, auch die Arbeitsbedingungen sollten sich stetig verbessern. Die Konstrukteure standen somit vor immer neuen Herausforderungen.

Vom Handrad zum Fahrschalter

Wirft man einen Blick in den Führerstand der Baureihe 103, die ab Mitte 1965 gebaut wurde, so wird einem klar, dass hier die Grenze für Anzeige- und Bedienelemente erreicht war. Mit Einführung der LZB war

Noch mit Handrad ausgestattet der Führerstand der 103 245. Zahlreiche Taster, Leuchtmelder und Messinstrumente sind auf dem Führerstandstisch verbaut. Bild: Manfred Gorus

Der heutige DB-Einheitsführerstand, hier auf einer 120. Bild: Claudia Franke

auch Platz nötig für das MFA, das Modularen Führerraumanzeigegerät. Auffällig auf den Elektroloks dieser Zeit waren vor allem die Handräder, mit denen die Stufen der Schaltwerke auf- und abgeschaltet wurde. Die Bedienung dieser Schaltwerke musste mit Bedacht erfolgen, wahlloses Hin- und Her-Schalten hätte nur zu Zugkraftabbrüchen bis hin zu Schäden geführt.

Unter der Bezeichnung »Integrierter Führerraum« entstand mit dem Bau der Baureihe 111 der heutige DB-Einheitsführerstand. Später fand er auf den Baureihen 120, ICE 1 und der 101 Verwendung und diente als Basis für Taurus, Traxx und Vectron. Die Anordnung sämtlicher Bedien- und Anzeigeeinrichtungen war somit auf den Führerständen Standard, das Handrad wurde durch einen Fahrschalter und AFB-Steller abgelöst. Beim ICE 1, der auf der Baureihe 120 basiert, gab es hochmoderne Displays, die sogenannten »Davids«. David steht für Diagnose-, Aufrüst- und Vorbereitungsdienst mit integrierter Displaysteuerung. Wichtige Funktionen und Betriebszustände können hierüber abgerufen und angesteuert werden wie die Bremsprobe oder das Abrufen von Störungen mit Abhilfemaßnahmen. Auch diese Technik entwickelte sich weiter, beim ICE 4 ist mittlerweile sehr viel über die Displays schalt- und abrufbar.

Die nachfolgenden ICE-Baureihen waren vom Design her moderner, die Stirnfenster wurden immer größer. Lediglich beim ICE 4 ist das Sicht-

Der moderne Arbeitsplatz im ICE 4 – klare Anordnung, dezente Farben und ein optimiertes Sichtfeld. Bild: Claudia Franke

feld des Triebfahrzeugführers erst mal ungewohnt schmal, ist aber exakt auf das wesentliche Sichtfeld während der Fahrt ausgelegt worden.

Durch die gefahrenen Hochgeschwindigkeiten sind gut funktionierende Klimaanlagen mit Druckschutz notwendig. Auch beim Thema Ergonomie wird viel Wert auf vernünftig gepolsterte und anpassbare Sitze gelegt, denn der Triebfahrzeugführer verbringt viele Stunden an seinem Arbeitsplatz. Steckdosen sind mittlerweile nicht mehr wegzudenken und sollten gut erreichbar sein, die ETCS hat mit Touch-Displays anstatt der analogen MFAs Einzug gehalten. Auch lassen sich Fahrmotoren oder Stromabnehmer und Antriebsanlagen bequem über Displays außer Betrieb nehmen, wo früher noch in den engen und offenen Maschinenräumen hantiert werden musste.

Wie die Zukunft aussieht? Die Technik stellt sich immer mehr auf den Menschen ein, was schon in der Automobilindustrie sichtbar wird. So geht der Trend beim ICE auch dahin, dass immer mehr Assistenz-Systeme den Triebfahrzeugführer während der Fahrt unterstützen. Die Digitalisierung und Vernetzung halten verstärkt Einzug. So ist es denkbar, dass man seinen Zug über sein Tablet findet, den Status bereits vorab abrufen kann, öffnet und durch das eigene Profil Klimaanlagen, Sitzposition und ähnliches eingestellt werden. Vorbereitungsdienste hat der Zug bereits automatisch abgeschlossen.

75

Die Uniform

Jubiläum: ICE und Unternehmensbekleidung

Passend zum 30. Jubiläum des ICE kann auch die Unternehmensbekleidung der DB auf eine 30-jährige Geschichte zurückblicken. Mit Einführung des ICE 1 erschien 1990 eine Uniform, die in dieser Zeit für Eleganz stand. Für die Zugbegleiter war es damals wie ein Ritterschlag, auf dem neuen ICE 1 eingesetzt sein zu dürfen, dazu chic gekleidet. Die Uniform bestand aus einer zweireihigen Spencer-Jacke und Schulterpolstern, einem aufwendig gebundenen Halstuch und einem Barrett. Die Herren trugen ein Jackett.

Mitte der 1990er wurde die Uniform dann von der neuen Unternehmensbekleidung abgelöst. Die DB wurde mit der DR vereint, der Zweireiher abgeschafft und es entstand ein »flotteres« Outfit. Ein dunkelblaues Sakko mit königsblauer Weste und grün-rot-blau gemusterte Krawatten und Tücher waren nun das neue Erscheinungsbild.

Neue Unternehmensbekleidung. Bild: Deutsche Bahn AG / Oliver Lang

Bereits wenige Jahre später, 2002 erschien das dritte Design der Unternehmensbekleidung. Diese prägte bis zum August 2020 das Erscheinungsbild der DB, Bahn-Rot wurde zum DB-Markenzeichen. Knalliger Rot-Kontrast als Streifen an Ärmeln, als Krawatte und Halstücher oder als Streifen auf den Schulterstücken der Lokführer war für viele der Hingucker. Letztendlich konnten sich auch die Triebfahrzeugführer für diese Unternehmensbekleidung begeistern, war nun zum Beispiel eine Lederjacke in der Ausstattung dabei. Seit August 2020 ist nun die vierte Unternehmensbekleidung am Start. In den Farben Burgundy und Blau wirkt sie nun moderner und sportlicher. So passte auch das DB-Farbkonzept mit dem knalligen Rot nicht mehr zum neuen Farbton. Ein Team um Star-Designer Guido Maria Kretschmar entwarf über mehrere Jahre die Kollektion, die verschiedene Kombinationen erlaubt.

Der Triebfahrzeugführer

76

Einfach nur ein Job oder Berufung?

Der typische Kindheitstraum vieler Jungs war oft der Lokführer. Durch sein technisches Wissen hatte er die damaligen großen Dampflokomotiven und Elloks stets im Griff und kannte jedes Bauteil im Maschinenraum. Anfangs noch mit schwerer körperlicher Arbeit verbunden, war die Bedienung der Einheitselloks schon wesentlich schonender. Reparaturen an der Maschine waren durch die geforderte technische Ausbildung kein Problem. Seine täglich zu befahrenen Strecken kannte er topografisch sehr gut. Die Männer waren im Beamtenstatus, genossen ein hohes Ansehen und galten als hoch qualifiziert. Doch das Ansehen wandelte sich mit der Zeit und gerade mit der Bahnreform 1994 veränderte sich vieles nicht zum Positiven.

Es dauerte auch einige Zeit, bis man im vollen Streckendienst eingesetzt wurde. Oft vergingen viele Jahre auf einer Rangierlok mit dem Bedienen von Anschlüssen oder dem Rangieren auf Betriebs- und Güterbahnhöfen. ICE-Lokführer werden war seit Beginn des ICE-Verkehrs 1991 ebenso kein leichtes Unterfangen. Selbst in den 2000er-Jahren wurde man in der Regel auf dem ICE im Streckendienst erst eingesetzt, nachdem man mehrere Jahre in der ICE-Zugbereitstellung tätig war.

Solch schöne Momente erlebt man regelmäßig im Führerstand. Gerade auch die verschiedenen Jahreszeiten hinterlassen eindrucksvolle Augenblicke, die für so manch frühes Aufstehen entschädigen. Bild: Claudia Franke

Die Autorin Claudia Franke liebt ihren Beruf. Bild: Deutsche Bahn AG / Anastasia Schuster

Mit der Weiterentwicklung der Technik veränderten sich die Anforderungen und Bedingungen. Die Fahrzeuge werden immer komplexer und technische Reparaturen sind immer seltener möglich. Dadurch hat sich auch die Ausbildung verändert. Die Triebfahrzeugführer übernehmen gerade im Regionalverkehr immer mehr Aufgaben anderer Bereiche, wie das Entsorgen von Toilettenanlagen oder das Kuppeln von Loks, wo früher Rangierpersonal vorhanden war. Durch technische Überwachungseinrichtungen auf modernen Fahrzeugen übernehmen sie auch die betrieblichen Aufgaben des Zugführers beim Abfertigen. Das Autonome Fahren hat in den letzten Jahren einige Interessierte abgeschreckt. Doch selbst wenn die Technik schon in Großteilen soweit ist, auf einen ausgebildeten Triebfahrzeugführer wird so schnell nicht verzichtet werden. Gerade in einem stark befahrenen Schienennetz wie in Deutschland ist eine Automatisierung praktisch kaum umsetzbar. Die Verantwortung bleibt. Seit Jahren fehlt es an ausgebildetem Personal auf den Zügen, die Mehrbelastung der Triebfahrzeugführer stieg enorm an. Dazu kommen Schichtdienst im ständigen Wechseldienst. Jede Schicht ist anders und Dienstbeginne mitten in der Nacht sind genauso üblich wie am späten Nachmittag zu beginnen. Dabei muss die Konzentration während der gesamten Schicht vorhanden sein, damit keine Fehler passieren. Ein Berufsrisiko sind dabei die psychisch belastenden Ereignisse, für die es aber eine gute Betreuung und Unterstützung durch geschultes Fachpersonal gibt. Dennoch ist der Berufsstand des Triebfahrzeugführers nicht für jeden nur ein Job, sondern für manchen immer noch Berufung und Faszination für die Technik.

Der Weg ins ICE-Cockpit

77

Die Ausbildung zum Triebfahrzeugführer

Wo früher der Weg zum Lokführer über eine technische Vor-Ausbildung Metall/Elektro, eine internen Qualifizierung und viele Jahre Rangierdienst, zum Beispiel auf einer V 60, möglich war, gibt es heutzutage mehrere Möglichkeiten. Seit etwa 1997 kann der Beruf des Eisenbahners im Betriebsdienst (EiB) erlernt werden. Bis August 2022 gibt es zwei Fachrichtungen, einmal »Lokführer und Transport« und »Fahrweg«, danach tritt eine neue Ausbildungsordnung in Kraft. Es ist ein staatlich anerkannter Ausbildungsberuf mit Abschluss bei der Industrie- und Handelskammer. Die Ausbildung wird im Betrieb durchgeführt und in der Berufsschule. Ausgebildet werden kann man bei der DB in den Bereichen Cargo, Regio und Fernverkehr. Aber auch bei privaten Eisenbahnverkehrsunternehmen ist mittlerweile eine Ausbildung für Schulabgänger möglich.

Nach der Ausbildung können auch verschiedene Weiterbildungen angestrebt werden. Dazu zählen der Meister für Bahnverkehr, der Techniker für Verkehrstechnik, Fachwirt oder weitere Studienmöglichkeiten wie Verkehrsingenieurwesen oder Fahrzeugtechnik.

Heutzutage ist modernes Lernen angesagt. Hierzu gehört auch die Ausbildung an Simulatoren, wie diesem in Fulda. Bild: Claudia Franke

Auch das energiesparende Fahren ist ein separates Thema in der Ausbildung. Gerade beim ICE 4 lässt sich einiges an Energie zurückspeisen. Bild: Claudia Franke

Grundsätzlich dauert die Ausbildung drei Jahre, kann aber bei guten Leistungen auf zweieinhalb Jahre verkürzt werden. Ein guter Schulabschluss sowie Interesse an Technik sind gute Voraussetzungen, ebenso wie Belastbarkeit, Verantwortungsbewusstsein und die Bereitschaft für Schicht- und Wechseldienst.

Nach einem erfolgreichen Auswahlverfahren steht die Eignungsuntersuchung beim Bahnarzt an. Dort wird zum einen eine medizinische Tauglichkeitsuntersuchung durchgeführt, die für den Beruf des Triebfahrzeugführers unerlässlich ist. Eine computergestützte psychologische Eignungsuntersuchung, die für besonders anspruchsvolle Berufsbilder wie Fahrdienstleiter oder Triebfahrzeugführer nötig ist, folgt ebenso. Dazu zählen Übungen für Denk- und Konzentrationsvermögen, Mathematik und Reaktionsvermögen.

Ausbildungsstoff

Die Ausbildung gliedert sich in verschiedene Themenbereiche, die unterschiedlich in Seminaren, in der Berufsschule sowie im Ausbildungsbetrieb und in der betrieblichen Praxis vermittelt werden. Dazu zählen allgemeine Themen wie Arbeits- und Tarifrecht, Umweltschutz, betriebliche Kommunikation, Sozial- und Methodenkompetenz, Sicherheit und Gesundheitsschutz und Aufbau des Ausbildungsbetriebes.

In den fachlichen Modulen werden Kenntnisse aus den Bereichen Eisenbahnbetrieb, Rangieren, Bilden von Zügen, Wagentechnik, Prüfen von Bremsen, Aufsicht am Zug und Leiten des Fahrdienstes, Qualitätsmanagement gelehrt. Bei der DB Fernverkehr gibt es dazu noch einen mehrwöchigen Einsatz in Fahrzeuginstandhaltungswerkstätten, wo Grundkenntnisse im Bereich der Elektrotechnik, Pneumatik und Elektropneumatik vermittelt werden. Die eigentliche Ausbildung zum Triebfahrzeugführer nimmt einen Großteil der Zeit in Anspruch.

Nachdem man seine Kenntnisse über Zugfunk, PZB und andere betriebliche Module erlernt hat, geht es an die Praxis. Technische Grundlagen in E- und V-Traktion gehören dazu, auch energiesparende Fahrweise, Selbstrettungskonzept mit Notbremsüberbrückung, LZB-Ausbildung, wie eine Zugfahrt vorbereitet wird, schlüpfrige Schienen insbesondere im Herbst und natürlich die Baureihenausbildung.

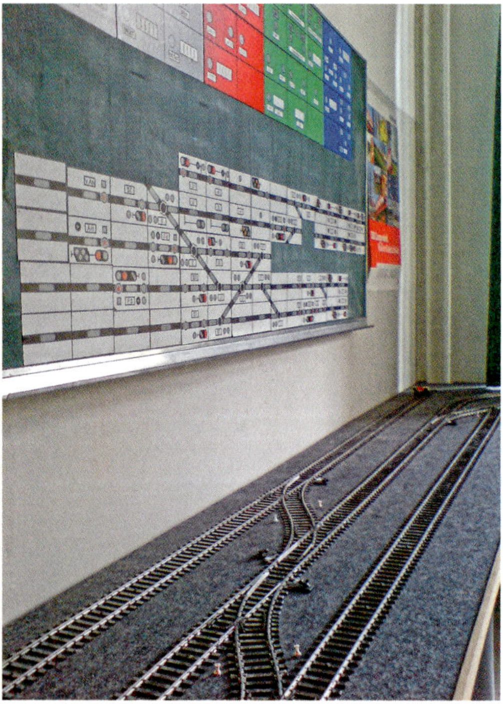

In der Fahrzeugausbildung wird man auf den jeweiligen Baureihen fit gemacht für den späteren Einsatz, dazu zählt das Aufrüsten, Vorbereiten und Prüfen von Triebfahrzeugen sowie deren Störungsbehebung und natürlich auch das Bedienen. Alles Erlernte wird dann in der Praxis mit zahlreichen Fahrtagen gefestigt, bis man gut vorbereitet in die Abschlussprüfung gehen kann. Die Prüfung setzt sich aus verschiedenen Teilen zusammen: schriftlich, mündlich und natürlich auch praktisch. Einmal für die IHK und eine interne Prüfung im Ausbildungsbetrieb.

In der Berufsschule lernt man als EiB das Fahren von Zügen von der Grundlage auf, gerne auch Mithilfe einer Modelleisenbahn. Beide Bilder: Claudia Franke

Um auch bereits ausgebildeten oder auch älteren

Die Fahrzeugausbildung ist meist der krönende Abschluss der Ausbildung. Dabei lernt man auch so Dinge wie das Abschleppen eines ICEs, wie hier einen ICE 1 mit einem Taurus.

Interessenten den Einstieg in den Beruf Triebfahrzeugführer zu ermöglichen, gab es bereits 2008 ein Projekt namens »1000 Tf«. Dies war der Beginn für den heutigen verkürzten Quereinstieg zum Tf. Er dauert in der Regel neun Monate, mit einem höheren Gehalt als während einer normalen Ausbildung und wird in Vollzeit durchgeführt. Man erlernt in dieser Zeit allerdings nur die notwendigen Fähigkeiten und Kenntnisse für den betrieblichen Alltag wie das Fahren von Zügen, die betrieblichen Regelungen und eine Fahrzeugbaureihe. Die Ausbildungszeit endet mit internen Abschlussprüfungen.

Wussten Sie schon?

Zugangsvoraussetzungen für den Quereinstieg in die Fahrerkabine des ICE sind neben einer abgeschlossenen Berufsausbildung, idealerweise im gewerblich-technischen Bereich, ein Mindestalter von 20 Jahren. Auch Piloten haben bereits diesen Weg gewählt und sich zum Triebfahrzeugführer umschulen lassen.

Der Simulator

78

Trockenübung für den Ernstfall

Als Triebfahrzeugführer trägt man eine hohe Verantwortung im täglichen Betrieb und hat zahlreiche Situationen zu bewältigen. Neben der Streckenbeobachtung muss der Lokführer auch sein Fahrzeug sicher führen und mit auftretenden Störungen umgehen. Die Konzentration muss während der gesamten Zugfahrt immer vorhanden sein, zu jeder Jahres- und Tageszeit und auch bei jedem Wetter. Kommen dann noch Stress-Situationen dazu, wie betriebliche Störungen, gezogene Notbremsen, Feuer im Zug oder Hindernisse im Gleis, muss jeder Handgriff sitzen. Die gelernte Theorie kann in den vielen Simulatoren von DB Training regelmäßig geübt werden.

Aber auch für die Ausbildung sind die Simulatoren ein wichtiger Baustein. Hier werden nicht alltägliche Situationen aus der Theorie in die Praxis umgesetzt. Es gibt sogar Trainingsprogramme für das energiesparende Fahren. In der Ausbildung für die Zugbeeinflussungssysteme wie ETCS, LZB oder GNT sind sie ebenso unverzichtbar geworden, beispielsweise bei der umfangreichen ETCS. Alle Situationen können im Alltag während der Ausbildung nicht simuliert werden, aber gerade hier ist es wichtig, alle Störfälle zu kennen. Bei Fahrzeugausbildungen ist der Simulator ebenso unterstützend.

Simulatoren für die verschiedenen Baureihen

Die DB ist mit ihren Simulator-Standorten Vorreiter in Europa. DB Training betreibt an zwölf Standorten Simulatoren, darunter in Fulda, Saarbrücken, München, Leipzig und Hamburg. Der erste Simulator wurde 1996 in Fulda in Betrieb genommen für die Baureihe 401/402. Es folgten weitere ICE-Simulatoren 411/403 sowie Simulatoren für die Baureihen 101/145/152, danach Baureihen 112/143, Baureihen 423-426, sowie Baureihe 612. Im Jahre 2003 kamen an den Standorten Köln und Leipzig Simulatoren der Baureihen 185/189 hinzu. Mit Inbetriebnahme des ICE 4 kam in Fulda auch ein Simulator für diese Baureihe dazu. Er wurde von Siemens geliefert und von Airbus gebaut. Dabei wurden immer sämtliche Updates, die auch auf den echten Fahrzeugen im täglichen Betrieb eingesetzt wurden, aufgespielt. So konnte immer ein realer Betrieb im Simulator mit aktuellen Vorgaben nachgestellt werden.

Technisch gesehen handelt es sich um ein modernes Schulungsmedium und wurde seit den 1990er-Jahren stetig weiter entwickelt. Die Bedienung

Ausbildung am Simulator in Fulda. Von Draußen können die Teilnehmer das Geschehen im Simulator mitverfolgen. Bild: Claudia Franke

und auch die Ausstattung entsprechen weitestgehend dem Originalzustand der Fahrzeuge. Fahrgeräusche und Fahrdynamik vermitteln ebenso den Eindruck, wie man es aus dem Alltag kennt. Somit kann sich jede Triebfahrzeugführerin und jeder Triebfahrzeugführer, ob in Ausbildung oder bereits erfahren, in die Situation hinein versetzen. Man vergisst innerhalb kürzester Zeit, dass man auf einem Simulator sitzt. Ermöglicht wird dieses Gefühl durch elektromechanisch angetriebene Hubzylinder, auf denen die Simulatorkabine aufgesetzt ist. Die Hubzylinder ermöglichen ein Bewegungssystem mit sechs Freiheitsgraden.

Jeder fertige Triebfahrzeugführer und -führerin muss einmal jährlich zu einer Überwachungsfahrt in den Simulator. Der Instruktor sitzt während der Fahrt draußen auf seinem Arbeitsplatz und überwacht dabei alles, was sich drin abspielt. Verschiedene Monitore unterstützen ihn dabei. Hier wird alles angezeigt, wie die aktuelle Position des Zuges mit exakten Meterangaben, die aktuelle Geschwindigkeit bis hin zu sämtlichen Bedienungen, die vorgenommen wurden. Jedes Jahr gibt es verschiedene Programme, wovon eines zufällig ausgewählt wird. Dann findet die Überwachungsfahrt statt. Unvorhergesehene Ereignisse erfordern dabei sicheres und schnelles Einschätzen und Handeln, der Instruktor übernimmt dabei die Rollen des Fahrdienstleiters oder des Zugpersonals. Durch dieses regelmäßige Training sind die Triebfahrzeugführer und -innen für den Alltag fit.

Die Zugbegleiter

Mehr als nur Fahrkarten knipsen

79

Die Zugbegleiter im ICE sind die aufmerksamen Gastgeberinnen und Gastgeber, die für eine angenehme Atmosphäre an Bord sorgen und eine hohe Servicequalität bieten, damit sich der Fahrgast rundum wohl fühlt. Dabei haben sie es oft auch nicht leicht, gelten sie doch als Sündenböcke bei Verspätungen oder allgemeinem Ärger, den so manch Reisender mit in den Zug bringt. Manchmal ist es eine Herausforderung, doch wenn der Fahrgast nach einem kurzen Gespräch mit dem Bordpersonal wieder zufrieden in den Sitz sinkt, haben die Zugbegleiter beste Arbeit geleistet.

Sie sind wahrlich mehr als nur fürs Fahrkarten knipsen zuständig. So gehört es auch zur Ausbildung, die technischen Funktionen des Zuges zu kennen und Hand in Hand als Team vor allem in außergewöhnlichen Situationen gekonnt zusammenzuarbeiten. Sie sorgen für die Sicherheit im Zug und begleiten auch Rollstuhlfahrer oder andere mobilitätseingeschränkte Reisende. Mit ihrem Servicegespür sind sie immer aufmerksam unterwegs und helfen den Reisenden auch in schwierigen Situationen, beispielsweise wenn etwas verloren gegangen oder der Anschlusszug gefährdet ist. Für medizinische Notfälle sind sie ebenfalls geschult und bei besonders heiklen Situationen werden sie auch schon mal von der DB Sicherheit oder der Bundespolizei unterstützt. Entsprechende Schulungen bereiten auf solche Stress-Situationen vor.

Ausbildung und Karrierechancen

Wie wird man Zugbegleiter? In der Regel durch eine dreijährige Ausbildung als Kauffrau/-mann für Verkehrsservice. In dieser lernt man alles für den späteren beruflichen Alltag. Von Kommunikationstechniken mit den Reisenden über technische Grundlagen der Züge sowie die Angebote im Verkehrsunternehmen. Auch die Nutzung aktueller Informationstechniken ist Bestandteil der Ausbildung. Grundlagen des Marketings und Projektmanagements runden die Ausbildung ab. Das Gelernte wird während der Ausbildungszeit selbstverständlich im Betrieb gefestigt.

Es gibt auch einen Quereinstieg zum Steward in der Gastronomie für den Einsatz im Bordbistro/Bordrestaurant der weißen Flotte. Diese dauert einen Monat und richtet sich vor allem an bereits erfahrene Interessierte aus dem Bereich Service, Gastronomie und Hotel.

Man kann später auch eine Weiterentwicklung »Zugchef/in« anstreben. Auf den ersten Blick unterscheiden sie sich nicht von den Zugbegleiter/innen, doch sind sie zusätzlich für die Leitung des Teams an Bord des Zuges und die Abfertigung an den Bahnhöfen verantwortlich. Man erkennt sie an einer roten Armbinde. Zugchef/in kann man auf dem ICE auch über einen Quereinstieg werden, der zwölf Monate dauert und mit einer Abschlussprüfung endet.

Warum der Zugführer kein Zugführer ist

Doch ein »Zugführer« ist, wie oftmals angenommen und betitelt, nicht der Triebfahrzeugführer. Der Begriff des Zugführers (Abkürzung als Zf) beschreibt den Zugchef, wie er auf dem ICE genannt wird. Dieser übernimmt die Teamleitung an Bord des Zuges und ist dort allen Mitarbeitern gegenüber weisungsbefugt. Die betriebliche Funktion des Zugführers kann auch ein Triebfahrzeugführer selbst übernehmen, wenn es die technische Einrichtung des Zuges ermöglicht. Dies ist beispielsweise beim Doppelstock-InterCity IC2 der Fall.

Moderne Fahrscheinkontrolle ist digital. Leider machen die Coronaviren bei den Zugbegleiterinnen und Zugbegleitern eine Maske zur Pflicht. Bild: Deutsche Bahn AG / Oliver Lang

Nicht jede Idee funktioniert

80

Der mobile Brezelverkäufer

Irgendjemand kam einmal auf die Idee, man könnte – wie im Flugzeug – einen Verkäufer durch die Sitzreihen schicken, der Brezeln und allerlei Snacks verkauft, im Sommer gab es außerdem Eis. Es begann zwischen Kassel-Wilhelmshöhe und Göttingen. In den Medien war er schnell ein Objekt der Heiterkeit, viel Bahnreisende empfanden ihn als Hindernis. Wer sie erlebt hat, musste sich oft fragen, ob aus dieser Arbeit überhaupt ein vernünftiger Umsatz entstand. So kam, was kommen musste. Die mobilen Brezelverkäufer verschwanden irgendwann – kaum einem fiel das auf.

81

Der ICE-Zuschlag

Er ist gar nicht mehr wegzudenken

Wer mit dem ICE fährt, muss einen Aufpreis bezahlen. Das ist nur natürlich, denn der ICE ist das Premiumprodukt der Bahn. Dabei wird dieser Aufpreis entfernungsabhängig berechnet. Er variiert somit je nach Verbindung. Wer einen Fahrschein ohne ICE-Nutzung gebucht hat, kann im Nachhinein noch ein Upgrade erwerben, Ermäßigungen erhalten die Besitzer einer Bahncard. Auch Spartarife reduzieren den Fahrpreis zum Teil erheblich. Mit Einführung des ICE war die Bundesbahn von einem festen Betrag als Aufschlag abgegangen, wie er etwa beim InterCity gegolten hatte. Der Zuschlag wurde streckenabhängig erhoben. Das konnten zwischen 11 und 28 DM sein. Diese Systematik wurde praktisch bis heute beibehalten.

Der Aufpreis ist immerhin so hoch, dass sich viele Reisende eine Alternative in den Regionalzügen suchen, wenn sich das von der Fahrzeit her rentiert. Dadurch entsteht eine gewisse Lenkungsfunktion der Passagierströme. Dieses Ziel haben auch die verschiedenen Sparpreise, mit denen erreicht werden soll, dass stark frequentierte Züge entlastet und weniger volle besser gefüllt werden. Auf jeden Fall lohnt es sich, im Internet nach günstigen Angeboten zu suchen.

Die ICE-Werke

82

Die Flotte wächst und mit ihr die Werke

Für die immer weiter wachsende ICE-Flotte bedarf es mehr Kapazitäten in den Werkstätten. Instandhaltungszyklen werden immer umfangreicher und engmaschiger geplant, sodass vorhandene Werke bereits umgebaut oder erweitert werden mussten. Oft ist es nötig, die Werke, die zum Teil nur auf wenige Baureihen spezialisiert waren, durch Umbauten anzupassen. Somit ist es möglich, an einem ICE 1, der eigentlich in Hamburg beheimatet ist, auch in München Reparaturen durchzuführen. Die Heimatwerke der Baureihen bleiben allerdings nach wie vor federführend.

Mit dem ICE 1 begann 1991 auch ein grundlegend neues Instandhaltungskonzept. Die ersten Werke in Hamburg und München wurden auf Basis dieses neuen Konzepts gebaut. Es ist möglich, auf mehreren Ebenen am Zug zu arbeiten, vom Dach bis unter die Drehgestelle. Große Fristen, Umbauten und Unfall-Instandsetzungen werden dabei nur in den Ausbesserungswerken in Krefeld-Oppum und Nürnberg vorgenommen.

Jeder ICE sendet bereits von unterwegs seine Diagnosedaten an entsprechende Schnittstellen. In den Werken werden diese Daten verarbeitet, so-

Waschfahrt mit einem ICE 1 durch die Außenreinigungsanlage gehört zum Alltag eines Zugbereitstellers im ICE-Werk. Bild: Claudia Franke

dass die nötigen Reparaturen auch kurzfristig eingeplant werden können – inklusive Materialbeschaffung. Dabei wird nach verschiedenen Fehlerklassen unterschieden. Die Leitwerke sind für ihre jeweilig zugeteilten Baureihen technisch verantwortlich und überwachen auch die vorgegebenen Wartungsintervalle. Steht ein ICE im Werk, so werden innerhalb vorgegebener Zeiten die Arbeiten durchgeführt, von kleinen Reparaturen bis hin zum Austausch von Toiletten, Fensterscheiben oder der aufwendigen Fehlersuche mittels Software.

In dieser Standzeit werden die WC- und Wasseranlagen auch geleert und neu befüllt, die Fahrzeugreinigung sorgt in dieser Zeit für neuen Glanz. Vor der Zuführung ins Werk oder danach wird der Zug auch von außen gewaschen, dafür gibt es an vielen Standorten automatische Reinigungsanlagen, die von den örtlich eingesetzten Triebfahrzeugführern bedient werden. Insbesondere in der Nacht, wenn die ICE-Flotte an ihren Endbahnhöfen angekommen ist, werden solche Arbeiten durchgeführt. Damit die Züge am nächsten Morgen wieder einsatzbereit bereitgestellt werden können.

Folgende Standorte gibt es derzeit bzw. sind in Planung (Stand 2022):
• Basel • Berlin • Cottbus (Fertigstellung bis 2026)
• Dortmund-Hafen (Neubau ab 2022) • Dortmund-Spähenfelde
• Frankfurt am Main • Hamburg-Eidelstedt • Hannover • Köln-Nippes
• Leipzig • München • Nürnberg (Ausbesserungswerk und Neubau ICE-Werk bis 2028).

Oben: Hamburg-Eidelstedt ist Heimatwerk für die Baureihe 401.
Rechts: Für die Wartung der ICE 4 wurde das ICE-Werk München angepasst. Bilder: Claudia Franke

DB

Instandhaltungszyklen

Alles für die Sicherheit

83

Die Wartungsintervalle für die jeweiligen ICE-Typen sind genauestens festgelegt. Mittels Umlaufplanung und Kilometerzählern ist es möglich, den maximalen Einsatz der Fahrzeuge unter Berücksichtigung betrieblicher Ereignisse fristgerecht zu planen. Für den Einsatz der Fahrzeuge ist das Flottenmanagement verantwortlich. Ein einfaches Durchtauschen der Fahrzeuge in besonderen Fällen ist oft nicht so leicht, wie man es sich vorstellt. Denn auch hier müssen die Laufleistungen sowie möglicherweise geänderte Werks-Zuführungen und geplante Arbeiten berücksichtigt oder anders berechnet werden.

Zum Beispiel: Instandhaltungszyklen beim ICE

Nach maximal 14.000 Kilometern erfolgt die Laufwerkskontrolle der Stufe IS100. Dazu zählen Sichtkontrolle Fahrwerk, Prüfung Zugbeeinflussungssysteme, Auffüllen der Betriebsstoffe, Wasser füllen und Abwasser entsorgen, Diagnose auslesen und Innenreinigung.

Nach maximal 24.000 Kilometern erfolgt die Allgemeine Nachschau der Stufe IS200. Der Arbeitsumfang ist wie bei der IS100 mit erweitertem Prüfumfang.

Nach maximal 144.000 Kilometern erfolgen die Friststufen IS520, 530 und 540 inklusive Bremsrevision. Zu diesen Stufen zählen die Arbeiten der Nachschau aus der Stufe IS200 mit erweiterten und wiederkehrenden Mess- und Tauscharbeiten.

Nach maximal 1,65 Mio Kilometern oder maximal acht Jahren (sechs Jahre mit zwei Jahren Verlängerung) erfolgt die Revision der Stufen IS600 oder IS700.

Der Arbeitsumfang dieser Revisionen ist deutlich umfangreicher. Entweder handelt es sich dabei um eine erste EBO-Untersuchung nach Neu- oder Umbau, teilweise mit Herstellergewährleistung. Oder es ist eine IS700, eine Revision ohne Anstricherneuerung. In diesen Revisionen werden Drehgestelle und sämtliche Aggregate getauscht, Hochspannungsprüfungen durchgeführt, Polster getauscht und zum Abschluss eine Probefahrt durchgeführt.

Beim Ultraschall gibt es auch Grenzwerte. So werden beim Triebkopf alle 144.000 Kilometer die Wellen untersucht, alle 288.000 Kilometer

Wartung einer Klimaanlage am ICE 4 Baureihe 412 im Werk des DB Fernverkehr in Berlin-Rummelsburg. Bild: Deutsche Bahn AG / Hartmut-Joachim Sigrist

kommen die Räder dran. An den Mittelwagen sind die Ultraschalluntersuchungen etwas später fällig.

Auch Frauen warten selbstverständlich mit, wie diese Schlosserin von DB Fernverkehr bei einer Kontrolle der Türmechanik an einem ICE. Bild: Deutsche Bahn AG / Oliver Lang

Der Oberbau

84

Bereit für hohe Geschwindigkeiten

Hochgeschwindigkeitssysteme eignen sich nur zur Verbindung von Ballungsräumen. In Deutschland liegen die Zentren dicht beieinander. Deshalb hat man sich – anders als zum Beispiel in Frankreich, wo der TGV nicht nur eigene Strecken, sondern sogar ein anderes Stromsystem hat – für ein in sich vernetztes System entschieden, das eine fahrplanmäßige Höchstgeschwindigkeit von über 250 km/h auf Neubaustrecken (NBS) und 200 km/h bzw. 230 km/h auf Ausbaustrecken (ABS) vorsieht.

Richtwerte für den ICE-Verkehr

Unter Berücksichtigung von Mischbetrieb (Güter- und Personenverkehr) ergaben sich für die Linienführung beispielsweise folgende Parameter: Gleislängsneigung mit maximal 12,5 Promille, Mindestradius der Bögen von 5.100 Metern, Regelradius der Bögen von 7.000 Metern. Die Streckenführung erfordert im Bereich der Mittelgebirge zahlreiche Tunnel-

Gleisbauarbeiten 2017: Der klassische Schienenstrang mit Schotterbett, Schienen UIC 60 und Spannbetonschwellen wird verlegt. Bild: Deutsche Bahn AG / Frank Kniestedt

Lärmschutz wird bei der Bahn großgeschrieben. Hier wird Erlangen-Bruck durch zwei Lärmschutzwände vor einem ICE 4 abgeschirmt. Bild: Deutsche Bahn AG / Claus Weber

und Brückenbauwerke. Für den Oberbau auf Schnellfahrstrecken müssen folgende Anforderungen erfüllt werden:

- Sicheres Führen von Personenzügen mit bis zu 280 km/h und Güterzügen mit Achslasten bis zu 22,5 t
- Hoher Reisekomfort auch bei hohen Geschwindigkeiten
- Hohe Verfügbarkeit und geringer Aufwand für die Instandhaltung (Liegezeit zwischen 40 und 60 Jahren ist einzuhalten)
- Geringe Luft- und Körperschallabstrahlung
- Hohe Wirtschaftlichkeit durch Optimierung von Instandhaltungs- und Erstellungskosten und Nutzungsdauer.

Aufgrund dieser Anforderungen kam auf den NBS der bewährte Schotteroberbau mit Schienen UIC 60 auf Spannbetonschwellen B 70 W zum Einsatz. Neu war, dass er auf einer Frostschutzschicht und durchgehender Planumsschutzschicht aufgebaut wurde.

Für Tunnel wurde bei der ersten NBS der Oberbau mit fester Fahrbahn gewählt, um Erfahrungen im Bau und Betrieb zu sammeln. Diese Erkenntnisse gingen später in die NBS Ingolstadt–Nürnberg ein. Für den Eisenbahnbetrieb und für Betriebsstörungen wurden Überleitverbindungen zwischen den Streckengleisen in einem Abstand von etwa sieben Kilometern vorgesehen. Die Überleitgeschwindigkeit beträgt 130 km/h.

Die feste Fahrbahn

85

Bereit für noch höhere Geschwindigkeiten

Die feste Fahrbahn wird heute in Deutschland bei allen neuen Hochgeschwindigkeitsstrecken verwendet. Das Prinzip ist eigentlich nicht viel anders als bei der Straßenbahn. Die Schienen liegen nicht auf Schwellen und Schotter sondern sie werden direkt auf einen Oberbau montiert, der aus Asphalt oder vor allem aus Beton ist. Doch bei der Deutschen Bahn ist diese Technik noch gar nicht so alt. Erstmals wurde eine feste Fahrbahn 1991 bei der Neubaustrecke Mannheim–Stuttgart verlegt, und zwar auf Tunnelstrecken.

Mehr Sicherheit unter Tage

Bei der Bahn hatte es bereits in den 1950er-Jahren erste Versuche mit der festen Fahrbahn gegeben. Allerdings waren die wesentlich höheren Kosten und die deutlich längere Bauzeit zunächst Gründe, auf eine Übertragung ins Tagesgeschäft noch zu verzichten. Es waren deshalb vor allem Sicherheitsgründe, die zu den ersten festen Fahrbahnen in Tunnelbauten

Arbeiten am Bau der auf fester Fahrbahn verlegten Schienen der Neubaustrecke Nürnberg– Ingolstadt. Bild: Claudia Franke

VDE 8.2 – die Eisenbahnstrecke zwischen Halle/Leipzig und Erfurt. Blick aus einem ICEFührerstand auf die Schnellfahrstrecke. Bild: Deutsche Bahn AG / Volker Emersleben

der neuen Hochgeschwindigkeitsstrecken führten. Man hatte erkannt, dass der Wartungsbedarf bei höheren Geschwindigkeiten signifikant niedriger ist, weshalb seit einigen Jahren Neubaustrecken in der Regel mit fester Fahrbahn verlegt werden. Zudem ist der Fahrkomfort besser, da die Lagegenauigkeit der Schienen sehr viel besser ist.

Wenn es aber zu einem Unfall kommt, veranschlagt die Bahn deutlich längere Reparaturzeiten als bei einem Schotteroberbau. So gibt es auch Stimmen, die sich gegen die feste Fahrbahn aussprechen. Beispielsweise verzichtet der TGV in Frankreich auf derartige Lösungen. In anderen Ländern sind es vor allem die Tunnel, in denen eine feste Fahrbahn gelegt wird. Auch der längste Eisenbahntunnel der Welt, der Schweizer Gotthard-Basistunnel, besitzt eine feste Fahrbahn.

Wussten Sie schon?

Es gibt verschiedene Bausysteme der festen Fahrbahn, wobei man zwei Gruppen unterscheidet: zum einen solche mit Querschwellen, die vor Ort eingegossen werden oder solche, wo die Querschwellen auf der festen Tragschicht aufgelagert werden. Außerdem gibt es solche, wo die Schienen direkt mit der Tragschicht verbunden werden.

2004 auf der NBS Nürnberg–Ingolstadt, die feste Fahrbahn wird vorbereitet, die Schwellenkonstruktion liegt bereits zum Teil. Gut zu sehen auch der Unterbau. Bild: Claudia Franke

Die Neubaustrecken

86

Zwischen Sinnhaftigkeit und Politik

Höchste Zuggeschwindigkeiten erfordern Strecken, die möglichst langgezogene Kurven besitzen, möglichst gerade verlaufen und auf Steigungen wo immer möglich verzichten. Sie müssen kreuzungsfrei sein und Umwege sollten eliminiert werden. In Deutschland mussten für den ICE viele Strecken neu gebaut werden, weil die vorhandenen solchen Ansprüchen nicht genügen konnten. Es war klar, dass für die größtmögliche Geschwindigkeit sehr viele Tunnel- und Brückenbauten entstehen mussten.

Herausforderung Tunnel

Immerhin: Nach Jahrzehnten der Streckenstilllegungen wurden nun erstmals wieder neue Schienenstränge gelegt, noch dazu solche mit spektakulären Kunstbauten. Da schwierigen Boden- und Grundwasserverhältnissen nur in wenigen Fällen ausgewichen werden kann, sind bei Planung und Bau der Tunnelbauwerke Sachkenntnis, Ideenreichtum und Flexibilität gefordert. Die wesentliche Rahmenbedingung stellen die geologischen Verhältnisse und die Geometrie der Tunnelquerschnitte dar. Des-

Dieser ICE 1 wurde 1995 auf der Neubaustrecke Fulda–Kassel bei km 169,2 auf der 812 Meter langen Pfieffetalbrücke abgelichtet. Bild: Deutsche Bahn AG / Hubrich

halb wurden die Tunnel der NBS zu 80 Prozent in bergmännischer Bauweise mit konventionellem Vortrieb vorgenommen. Dazu zählen auch Teilausbrüche, Sprengbetrieb oder Baggerbau und Spritzbetonsicherung. Die übrigen 20 Prozent wurden in offener Tunnelbauweise errichtet.

Zwischen Fortschritt und Wahnsinn

Beim Bau neuer Strecken muss die Bahn oft genug auf das Machtwort der Politik hören. Etwa bei der NBS Ingolstadt–Nürnberg. Die geologischen Verhältnisse in der Gegend um Kinding sind sehr schwierig, weshalb die Neubaustrecke zwischen Ingolstadt und Nürnberg überaus teuer wurde und einen hohen Wartungsbedarf hat. Und das alles wegen einer Fahrzeitverkürzung von ein paar Minuten, die man sich spart, wenn an der Trasse mal nicht herumgeschraubt wird. Doch diese Streckenführung war politisch gewollt und wer nicht mit dem eigenen Geldbeutel haftet, kann sich Träume recht unkompliziert erfüllen.

Stark in der Kritik steht das Projekt Stuttgart 21, zu dem aber auch der sinnvolle Neubau einer schnellen Verbindung von Stuttgart nach Ulm (und später Augsburg) gehört. Diese Strecke ist derzeit im Bau und hat mit der Schwäbischen Alb ein enormes Hindernis vor sich.

Bei Kinding sieht die Neubaustrecke zwischen Ingolstadt und Nürnberg so aus. Blick vom Schellenbergtunnel auf den vorbeifahrenden ICE 3. Bild: Claudia Franke

Spektakuläre Perspektive der Filstalbrücke im Bau. Diese neue Eisenbahnüberführung ist Teil der Neubaustrecke Wendlingen–Ulm. Bild: Deutsche Bahn AG / Arnim Kilgus

Wussten Sie schon?

Derzeit hat Deutschland acht Neubaustrecken für den Hochgeschwindigkeitsverkehr. Es sollen hinzukommen: Stuttgart–Ulm, die Vogelfluglinie, Rhein/Main–Rhein/Neckar, Gelnhausen–Fulda, Fulda–Gerstungen, Hannover–Bielefeld, Nürnberg–Würzburg, Dresden–Prag, Ulm–Augsburg und der Brenner-Nordzulauf zum Basistunnel.

Neue Bahnhöfe

87

Das Beispiel Berlin Hauptbahnhof

Für die NBS wurden neue Bahnhöfe nötig, die neu errichtet wurden. Einer ist etwa Kassel-Wilhelmshöhe, ein anderer Berliner Hauptbahnhof. Mit jährlich etwa 110 Millionen Reisenden steht der in der Liste der belebtesten Bahnhöfe in Deutschland hinter den Hauptbahnhöfen von Hamburg, Frankfurt und München. In der europäischen Rangordnung kommt er an neunter Stelle. Aber er kann trotzdem mit einigen Superlativen aufwarten. So ist er der größte Turm- oder Etagenbahnhof Europas. Der Bahnhof ist als Verknüpfungspunkt verschiedener Verkehrsträger in der Hauptstadt konzipiert.

Beim Bau handelte es sich um eines der teuersten Bahnhofsprojekte seit dem Zweiten Weltkrieg. 85.000 Tonnen Stahl wurden für das auf fünf Etagen – zwei davon im Untergrund – angelegte Gebäude verbraucht. Die Grundsteinlegung des Berliner Hauptbahnhofs erfolgte am 9. September 1999. Bereits am 4. März 2006 fuhr zum ersten Mal ein ICE durch den Nord-Süd-Tunnel des Bahnhofs, allerdings noch zu Testzwecken. Die offizielle Eröffnung fand am 26. März in Anwesenheit vieler prominenter Gäste statt. 54 Rolltreppen und zehn Aufzüge verbinden die Stockwerke miteinander. Die Züge halten in der obersten und der untersten Etage an insgesamt 14 Bahnsteigen. Rund 15.000 Quadratmeter des Gebäudes werden von 80 Einzelhandelsgeschäften genutzt.

Der Berliner Hauptbahnhof ist Verkehrsknoten und Einkaufszentrum zugleich.

Bild links: Hannelore Dörflinger, Bild oben: Deutsche Bahn AG / Jet-Foto Kranert

Die längste Brücke

Ein Mammutbauwerk für den ICE

88

Grundlagen für den Bau neuer Eisenbahnbrücken sind Vorgaben, die den wirtschaftlichen, funktionalen und konstruktiven Rahmen abstecken. Diese Vorgaben konnten beim Entwurf vor allem bei Talübergängen und Aufständerungen genutzt werden. Die endgültige Art der Bauausführung wird konkret aufgrund des Ausschreibungswettbewerbs festgelegt. Kennzeichnend für die Rahmenvorgaben sind etwa die Lagerung der Überbauten auf einer Reihe verhältnismäßig schmaler Pfeiler, eine leichte Zugänglichkeit für die Instandhaltung oder ein konstanter Fahrbahnquerschnitt und damit eine konstante Bauwerksbreite.

Dank des ICE konnte im Süden von Sachsen-Anhalt ein deutsches Rekordbauwerk entstehen. Es handelt sich um die längste deutsche Brücke! Die Elster-Saale-Talbrücke wurde 2013 fertig gestellt. 6.465 Meter misst die Talbrücke südlich von Halle, die die beiden Flusstäler der Elster und der Saale überquert. Dabei hat das Bauwerk eine Besonderheit aufzuweisen, denn die Brücke besitzt einen 2.112 Meter langen Abzweig nach Halle. Gebaut wurde sie für die Hochgeschwindigkeits-Neubaustrecke zwischen Nürnberg und Berlin über Erfurt und Leipzig.

208 Brückenpfeiler mussten errichtet werden, um das Bauwerk zu tragen. Der ICE darf bis zu 300 km/h schnell auf der als feste Fahrbahn ausgebildeten Strecke fahren. Beim Bau wurde darauf geachtet, dass alle ökologischen Rahmenbedingungen streng eingehalten wurden. Das war besonders schwierig, denn man hatte es

mit Natur- und Vogelschutzgebieten und einer Wasserschutzzone zu tun. Das hatte zum Beispiel zur Folge, dass die Bauarbeiten während der Brutzeit unterbrochen werden mussten. Nach der Fertigstellung der Brücke wurde ab 2013 eine feste Fahrbahn gelegt.

Es dauerte bis Dezember 2015, bis die Strecke nach Abschluss aller Sicherheitstests für den Verkehr freigegeben werden konnte. Die Elster-Saale-Talbrücke ist mit einer Höhe bis zu 21 Metern nicht sehr hoch. Wer das Rekordbauwerk mit dem Auto entdecken will, verlässt die A 38 bei der Ausfahrt Bad Lauchstädt in Richtung Schkopau.

Die Saale-Elster-Talbrücke für die Neubaustrecke Erfurt–Leipzig/Halle befindet sich in diesem Bild noch im Bau. Bild: Claus Rudolf/CC BY-SA 4.0

Nummer 2

89

Zweitlängste Brücke

Etwa zur gleichen Zeit wie die Elster-Saale-Talbrücke wurde auch südwestlich von Halle an einer neuen Brücke gebaut. Die zweigleisige Eisenbahnüberführung sollte über die Unstrut führen und gehört ebenfalls zur Schnellfahrstrecke Erfurt–Leipzig/Halle. Die eindrucksvolle Unstruttalbrücke ist mit einer Länge von 2.668 Metern die zweitlängste Eisenbahnbrücke in Deutschland.

An ihrer höchsten Stelle misst die Spannbetonbrücke 49 Meter. Sie wurde zwischen 2007 und 2012 errichtet, die ersten Planungen stammten bereits aus dem Jahr 1993.

Die Unstruttalbrücke wurde für die Neubaustrecke Erfurt–Leipzig/Halle errichtet. Sie ist die zweitlängste Eisenbahnbrücke des Landes. Bilder: Deutsche Bahn AG / Wolfgang Klee

90 Das ICE-Netz

Stand: Sommer 2022

ICE 10 (eingesetzt: ICE 2, ICE 4)

Berlin Ostbf – Berlin Hbf – Berlin-Spandau (– Stendal) – Wolfsburg – Hannover – Bielefeld – Hamm (Westf) – geflügelt: (Ruhrstrecke:) – Dortmund – Bochum – Essen – Duisburg – Düsseldorf Flughafen – Düsseldorf (– Köln Messe/Deutz – Köln/Bonn Flughafen – Düren – Aachen) (Wupperstrecke:) – Hagen – Wuppertal – Köln (– Bonn – Koblenz)

ICE 11 (ICE 1, ICE 4)

(Hamburg-Altona – Hamburg Dammtor – Hamburg – Berlin-Spandau –) Berlin Gesundbrunnen – Berlin Südkreuz – Wittenberg – Leipzig – Erfurt – Eisenach – Fulda – Frankfurt – Mannheim – Stuttgart – Ulm – Augsburg – München-Pasing – München

ICE 12 (ICE 4)

Berlin Ostbf – Berlin Hbf – Berlin-Spandau – Wolfsburg – Braunschweig – Hildesheim – Göttingen – Kassel-Wilhelmshöhe – Fulda – Hanau – Frankfurt (M) – Mannheim – Karlsruhe – Offenburg – Freiburg – Basel Bad Bf – Basel SBB (– Liestal – Olten – Bern – Thun – Spiez – Interlaken West – Interlaken Ost)

ICE 13 (ICE 1, ICE T)

Berlin Ostbf – Berlin – Berlin-Spandau – Braunschweig – Hildesheim – Göttingen – Kassel-Wilhelmshöhe – Fulda – Frankfurt Süd – Frankfurt Flughafen

ICE 14 (ICE T)

Berlin Ostbahnhof – Berlin – Berlin-Spandau (– Stendal) – Wolfsburg – Hannover – Herford – Bielefeld – Gütersloh – Hamm – Dortmund – Bochum – Essen (– Mülheim) – Duisburg – Düsseldorf – Köln

ICE 15 (ICE 1, ICE 3, ICE T, ICE 4)

(Binz – Stralsund –) Berlin Gesundbrunnen – Berlin – Berlin Südkreuz – Halle – Erfurt – Frankfurt (Main)

ICE 18 (ICE 1)

Hamburg-Altona – Hamburg Dammtor – Hamburg – Berlin-Spandau –

Berlin – Berlin Südkreuz – Bitterfeld – Halle – Erfurt – Bamberg (– Erlangen) – Nürnberg – Augsburg – München-Pasing – München (alternativ Nürnberg – Ingolstadt – München)

ICE 20 (ICE 1, ICE 4)

(Kiel –Neumünster bzw.) Hamburg-Altona – Hamburg Dammtor – Hamburg – Hannover – Göttingen – Kassel-Wilhelmshöhe (– Fulda – Hanau) – Frankfurt (Main) – Mannheim – Karlsruhe – Baden-Baden – Freiburg – Basel Bad – Basel SBB – Zürich (– Sargans – Landquart – Chur)

ICE 22 (ICE 1)

(Kiel –Neumünster bzw.) Hamburg-Altona – Hamburg Dammtor – Hamburg – Hannover – Göttingen – Kassel-Wilhelmshöhe – Frankfurt (Main) – Frankfurt Flughafen – Mannheim – Heidelberg – Stuttgart
oder Oldenburg – Bremen – Hannover ...

ICE 24 (ICE T, auch IC)

Hamburg-Altona – Hamburg Dammtor – Hamburg – Hamburg-Harburg – Lüneburg (– Bad Bevensen) – Uelzen – Celle (– Langenhagen) – Hannover (– Elze – Alfeld – Kreiensen – Northeim) – Göttingen – Kassel-Wilhelmshöhe – Fulda – Würzburg (– Steinach – Ansbach – Gunzenhausen) – Treuchtlingen – Donauwörth – Augsburg – München-Pasing – München – Rosenheim (– Brannenburg – Oberaudorf – Kiefersfelden) – Kufstein – Wörgl (– Jenbach – Innsbruck) oder (Hopfgarten – Westendorf – Brixen – Kirchberg – Kitzbühel – St. Johann – Fieberbrunn – Hochfilzen – Saalfelden – Zell am See – Schwarzach-St. Veit) (oder in Augsburg geflügelt als IC nach Buchloe – Oberstdorf oder nach München Ost – Berchtesgaden)

ICE 25 (ICE 1, ICE 2, ICE 4)

Hamburg-Flügel: (Lübeck –) Hamburg – Hamburg-Harburg (– Lüneburg – Uelzen) – Hannover (oder ab Hamburg-Altona) – Hannover
Bremen-Flügel: Oldenburg (– Delmenhorst) – Bremen (– Verden – Nienburg) – ab Hannover zusammen weiter: Hannover – Göttingen – Kassel-Wilhelmshöhe – Fulda – Würzburg – Nürnberg – Ingolstadt – München

ICE 26 (ICE T, auch IC)

Hamburg-Altona – Hamburg Dammtor –
oder
Ostseebad Binz – Bergen auf Rügen – Stralsund – Velgast – Ribnitz-Damgarten West – Rostock – Bützow (– Bad Kleinen) – Schwerin –

oder als IC: Westerland – Niebüll – Husum – Heide – Itzehoe – Hamburg – Hamburg-Harburg – Lüneburg (– Bad Bevensen) – Uelzen – Celle – Langenhagen – Hannover (– Elze – Alfeld – Kreiensen – Northeim) – Göttingen – Kassel-Wilhelmshöhe (– Wabern) – Treysa – Marburg – Gießen – Friedberg (– Frankfurt West) – Frankfurt (Main) – Darmstadt – Bensheim – Weinheim – Heidelberg – Wiesloch-Walldorf – Bruchsal – Karlsruhe

ICE 28 (ICE 1, ICE 4)

(Binz – Bergen –) Stralsund – Greifswald – Züssow – Anklam – Pasewalk – Prenzlau – Angermünde – Eberswalde – Berlin Gesundbrunnen – oder Hamburg-Altona – Hamburg Dammtor – Hamburg (– Ludwigslust – Wittenberge) – Berlin-Spandau –
Berlin – Berlin Südkreuz – Lutherstadt Wittenberg – Leipzig – Erfurt (– Coburg) – Bamberg (– Erlangen) – Nürnberg (– Ingolstadt) – München

ICE 29 (ICE 3)

Hamburg – Berlin-Gesundbrunnen – Berlin – Berlin Südkreuz – Halle – Erfurt – Nürnberg – München

ICE 30 (ICE 4)

Hamburg-Altona – Hamburg Dammtor – Hamburg – Hamburg-Harburg – Bremen – Diepholz – Osnabrück – Münster – Gelsenkirchen – Essen – Duisburg – Düsseldorf – Köln – Mannheim – Stuttgart

ICE 31 (ICE 1)

Hamburg-Altona – (oder: Kiel – Neumünster –) Hamburg Dammtor – Hamburg – Hamburg-Harburg – Bremen – Osnabrück – Münster – Dortmund – Hagen – Wuppertal – Solingen – Köln – Bonn – Koblenz (– Bingen) – Mainz – Frankfurt Flughafen – Frankfurt (Main) (– Hanau – Aschaffenburg – Würzburg – Nürnberg – Regensburg – Plattling – Passau)

ICE 32 (ICE 1)

Stuttgart – Heidelberg – Mannheim – Mainz – Koblenz – Bonn – Köln – Düsseldorf – Duisburg – Oberhausen – Gelsenkirchen – Münster – Rheine – Emden – Norddeich Mole

ICE 35 (ICE 1)

Norddeich Mole – Emden – Rheine –Münster – Gelsenkirchen – Oberhausen – Duisburg – Düsseldorf – Köln – Bonn – Koblenz – Mainz – Mannheim – Stuttgart

ICE 39 (ICE 1)

Hamburg-Altona – Hamburg Dammtor – Hamburg – Münster – Essen – Duisburg – Düsseldorf – Köln

ICE 41 (ICE 3)

(Dortmund – Bochum –) Essen – Duisburg – Düsseldorf – Köln Messe/Deutz (– Köln/Bonn Flughafen – Siegburg/Bonn – Montabaur – Limburg Süd) – Frankfurt Flughafen – Frankfurt (Main) – Aschaffenburg – Würzburg – Nürnberg – München (– Tutzing – Weilheim – Murnau – Oberau – Garmisch-P.)

ICE 42 (ICE 3 BR 407, ICE 4)

Nordflügel: (Kiel – Neumünster –) Hamburg-Altona – Hamburg Dammtor – Hamburg – Hamburg-Harburg – Bremen – Osnabrück – Münster – Dortmund – Bochum – Essen – Duisburg – Düsseldorf –
Westflügel: (Dortmund – Hagen – Wuppertal – Solingen –)
(Köln Messe/Deutz –) Köln – Siegburg/Bonn – Frankfurt Flughafen – Mannheim – Stuttgart – Ulm – Augsburg – München-Pasing – München

ICE 43 (ICE 3)

Dortmund – Hagen – Wuppertal – Solingen – Köln – Siegburg/Bonn – Frankfurt Flughafen – Mannheim – Karlsruhe – Offenburg – Freiburg – Basel Bad – Basel SBB

ICE 45 (ICE 3, ICE 3 BR 407)

Köln – Köln/Bonn Flughafen – Siegburg/Bonn – Montabaur – Limburg Süd – Wiesbaden – Mainz – Mannheim – Heidelberg – Vaihingen – Stuttgart

ICE 47 (ICE 3 BR 407)

Dortmund – Bochum – oder:
Münster – Recklinghausen – Wanne-Eickel – Gelsenkirchen –
Essen – Duisburg – Düsseldorf – Köln Messe/Deutz – Frankfurt Flughafen – Mannheim – Stuttgart

ICE 49 (ICE 3, ICE 3 BR 407)

Köln (– Köln/Bonn Flughafen) – Siegburg/Bonn – Montabaur – Limburg Süd – Frankfurt Flughafen – Frankfurt (Main)

ICE 50 (ICE T)

Dresden – Dresden-Neustadt – Riesa – Leipzig – Erfurt – Gotha – Eisenach – Fulda – Frankfurt (Main) – Frankfurt Flughafen – Mainz – Wiesbaden

Das ICE-Netz 1991 und 2021

1991

2. Juni

Hamburg
Hannover
Kassel
Fulda
Frankfurt am Main
Mannheim
Stuttgart
Ulm
Augsburg
München

Deutsche Bahn AG, 05/2021

19
ICE-Züge

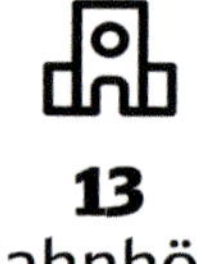

13
Bahnhöfe (ICE-Halt)

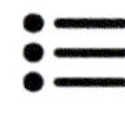

1
ICE-Linie

2021

ICE-Kernnetz

Kiel
Stralsund
Rostock
Hamburg
Bremen
Hannover
Berlin
Münster
Hamm
Dortmund
üsseldorf
Köln
Aachen
Halle
Leipzig
Dresden
Kassel
Erfurt
Frankfurt am Main
Fulda
Wiesbaden
Mainz
Mannheim
Würzburg
Nürnberg
aarbrücken
Heidelberg
Regensburg
Karlsruhe
Stuttgart
Ulm
Freiburg
München

Stundentakt

Mehrere tägliche Fahrten bis Zweistundentakt

330
ICE-Züge

250
Bahnhöfe (ICE-Halte)
In- und Ausland

30
ICE-Linien

Der ICE im Ausland

Zum Teil mit ausländischen Zügen

91

ICE 27 (Railjet)

Berlin – Dresden – Prag – Brno – Wien – Graz

ICE 62 (Railjet)

München – München Ost – Rosenheim – Prien – Traunstein – Freilassing – Salzburg – Golling-Abtenau – Bischofshofen – St. Johann – Schwarzach-St. Veit – Dorfgastein – Bad Hofgastein – Bad Gastein – Mallnitz-Obervellach – Spittal-Milstättersee – Villach – Velden – Pörtschach – Krumpendorf – Klagenfurt

ICE 78 (ICE 3 BR 406)

Amsterdam – Utrecht (– 's-Hertogenbosch – Mönchengladbach) oder Arnheim – Oberhausen – Duisburg – Düsseldorf – Köln (– Frankfurt Flughafen – Frankfurt (Main))

ICE 79 (ICE 3 BR 406)

Bruxelles-Midi – Bruxelles-Nord – Liège-Guillemins – Aachen – Köln – Frankfurt Flughafen – Frankfurt (Main)

ICE 82 (TGV Duplex, ICE 3 BR 407)

Frankfurt (Main) – Mannheim – Kaiserslautern – Saarbrücken – Forbach – Paris Est oder über Karlsruhe – Strasbourg

ICE-Linie 84 im Jahr 2012. Bild: Deutsche Bahn AG / Holger Peters

ICE 83 (TGV Duplex, ICE 3 BR 407)

(München – Augsburg – Ulm –) Stuttgart – Karlsruhe – Strasbourg – Paris Est

ICE 84 (TGV Duplex)

Frankfurt (Main) – Mannheim – Karlsruhe – Baden-Baden – Strasbourg – Mulhouse-Ville – Belfort-Montbéliard – Besançon – Chalon – Lyon-Part-Dieu – Avignon – Aix-en-Provence – Marseille-Saint-Charles

ECE 85 (ETR 610)

Frankfurt (Main) – Mannheim – Karlsruhe – Ringsheim – Freiburg – Basel Bad – Basel SBB – Olten – Luzern – Arth-Goldau – Bellinzona – Lugano – Chiasso – Como – Monza – Milano

ECE 88 (ETR 610)

München – Buchloe – Memmingen – Lindau-Reutin – Bregenz – St. Margrethen – St. Gallen – Winterthur – Zürich Flughafen – Zürich

ICE 89 (Railjet)

München – München Ost – Rosenheim – Kufstein – Wörgl – Jenbach – Innsbruck – Telfs-Pfaffenhofen – Ötztal – Imst-Pitztal – Landeck-Zams – St. Anton – Langen – Bludenz – Feldkirch

ICE 90 (Railjet)

(Frankfurt (Main) – Frankfurt Flughafen – Mannheim – Stuttgart – Ulm – Günzburg – Augsburg – München-Pasing –) München – Salzburg – Linz – St. Pölten – Wien Meidling – Wien – Hegyeshalom – Mosonmagyaróvár – Győr – Tatabánya – Kelenföld – Budapest Keleti

ICE 91 (ICE T)

geteilter Westflügel:
Dortmund – Bochum – Essen – Duisburg – Düsseldorf – Köln
oder: Dortmund – Hagen – Wuppertal – Solingen –Köln
gemeinsam: Köln – Bonn – Koblenz – Mainz – Frankfurt Flughafen – Frankfurt (Main) – Hanau – Würzburg – Nürnberg – Regensburg – Plattling – Passau – Schärding – Wels – Linz – St. Pölten – Wien Meidling – Wien
oder Nordflügel:
Hamburg-Altona – Hamburg Dammtor – Hamburg – Hamburg-Harburg – Hannover – Kassel-Wilhelmshöhe – Fulda – Würzburg ...

Besonders schnell und vernetzt

ICE-Sprinter und Deutschlandtakt

92

Seit dem Juni 1992 gibt es die ICE-Sprinter. Sie verkehrten anfangs hauptsächlich in den Morgen- und Abendstunden, da die Zielgruppe vor allem Geschäftsreisende und Tagespendler waren. Erster Einsatz war zwischen Frankfurt und München mit einer Fahrzeit von zwei Stunden 59 Minuten. 1993 folgten weitere Sprinter-Verbindungen zwischen Frankfurt und Hamburg sowie Köln–Berlin und Köln–Hamburg. Das Angebot wurde in den 1990er-Jahren immer weiter ausgeweitet, je mehr Triebzüge vorhanden waren. Die Zugnummern bekamen dann auch wie früher üblich Namen, wie beispielsweise der ICE 571 als Main-Sprinter oder der ICE 675 als Börse-Sprinter. Mit der Zeit zeigte sich aber, dass die Auslastung der ICE-Sprinter nicht auf allen Relationen wie erhofft war. Die geringere Zeitersparnis gegenüber normalen ICE-Zügen und der höhere Sprinter-Aufschlag ließen den Sprinter-Verkehr mit der Zeit auf einigen Verbindungen auslaufen.

Im Preis für die 1. Klasse waren Frühstück am Platz, Kopfhörer, Tageszeitungen und Getränke enthalten, was bis etwa 2014 Bestand hatte. In der 2. Klasse gab es Snacks, Tageszeitungen und heiße Getränke inklusive. Ab 2001 war es mit einer Zusammenarbeit mit der Lufthansa möglich, Miles -&-More-Punkte zu sammeln. Eine Zeit lang konnte man über die Zugbegleiter kurz vor Ankunft einen Mietwagen zu buchen. Der Sprinter-Aufschlag ist mittlerweile entfallen, eine Fahrt im Sprinter kostet aktuell genauso viel wie ein normaler ICE im Flexpreis. Erkennbar ist der Sprinter an einem grauen Symbol in der Fahrplanauskunft.

Ein richtiges Comeback erlebte der Sprinter mit Eröffnung der VDE nach Berlin seit dem 10. Dezember 2017. In unter vier Stunden von München nach Berlin ist sie nun da, die neue schnelle Verbindung. Bis zu 300 km/h schnell fährt der ICE 3 dabei über Nürnberg, Erfurt und Halle bis Berlin. Die Fahrgastzahlen stiegen rasant an, die Sprinter sind bis heute stark nachgefragt.

Mit dem Deutschland-Takt sollen noch mehr und besser getaktete Züge verkehren. So ist die Vorstellung, dass an wichtigen Knotenbahnhöfen die Züge zur gleichen Zeit eintreffen und kurz danach abfahren. Auch soll das Schienennetz ausgebaut werden, um noch mehr Züge und Güter auf die Schiene zu bekommen. Im Fernverkehr soll ein Halbstundentakt eingeführt werden. Schon jetzt verkehren ICEs im Halbstundentakt zwischen

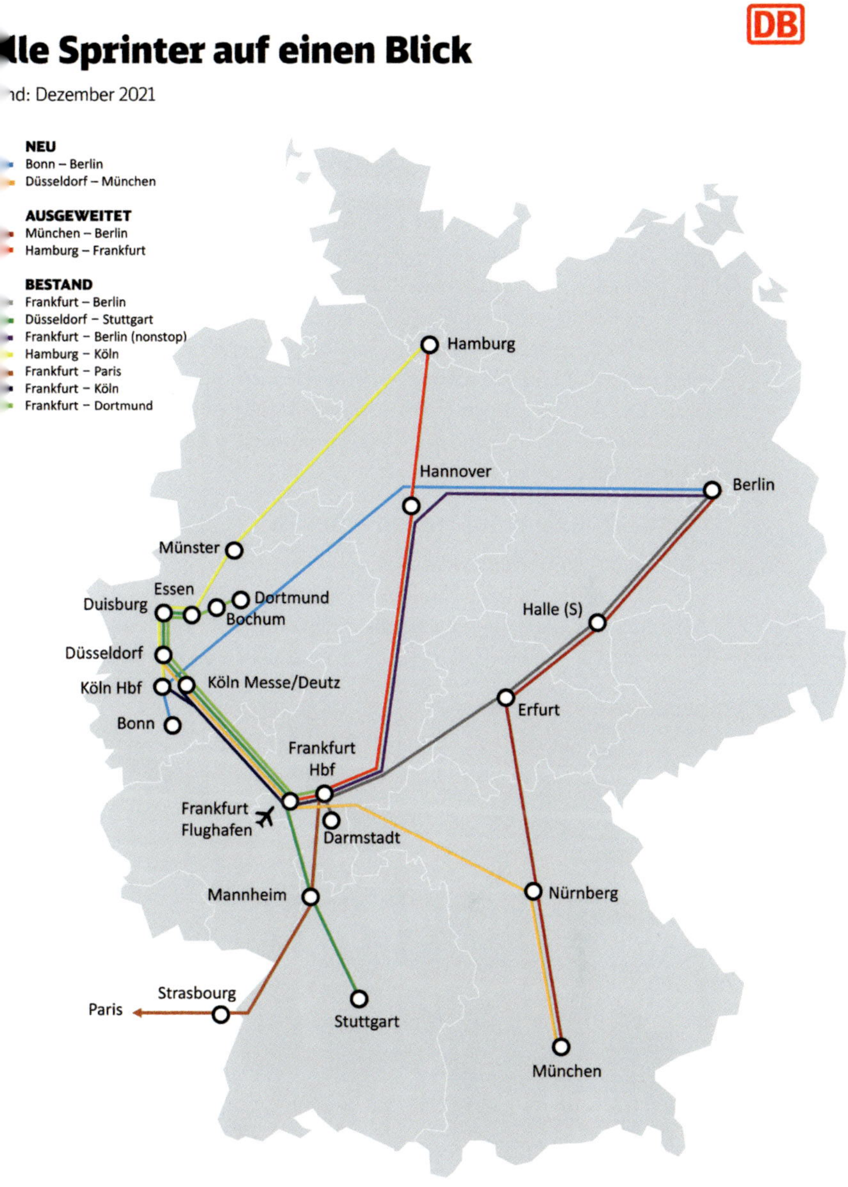

lle Sprinter auf einen Blick

nd: Dezember 2021

Hamburg und Berlin. Andere Verbindungen bekamen weitere Züge hinzu, wie von Berlin nach Bonn.

Der Female ICE

93

Männer sind nur Zuschauer

Die Deutsche Bahn hat sich, wie so viele deutsche Unternehmen, vorgenommen, weiblicher werden. Der Frauenanteil im Konzern soll sich erhöhen. Es wurden allerlei Maßnahmen ergriffen, dieses Ziel zu erreichen. Im ersten Quartal wurden knapp drei Prozent mehr Frauen eingestellt als im Vorjahreszeitraum. Eine spektakuläre Werbemaßnahme starteten Frauen aus der Führungsebene der DB AG im Frühjahr 2022 mit der Aktion »Female ICE«. Co-Autorin Claudia Franke hatte die Ehre, an vorderster Front bei diesem Projekt mitarbeiten zu können.

Ein Zug, in dem nur Frauen arbeiten

Frauen des konzerninternen Netzwerks »Frauen bei der Bahn« wollten ein ganz besonderes Zeichen setzen und schickten am 11. Mai 2022 erstmals den »Female ICE« auf die Strecke. Von München nach Berlin fuhr an diesem Tag ein ICE, dessen Personal ausschließlich aus Frauen

Gruppenbild mit Herr – Triebfahrzeugführerin Claudia Franke (Mitte) und ihre Crew beim Fototermin mit Politikerinnen und DB Personalvorstand Seiler. Bild: Deutsche Bahn AG / Anastasia Schuster

Der Zug wurde eigens für diese historische Fahrt gebrandet. »Bewegende Frauen am Zug« hat sogar eine eigene Internetseite bekommen. Bild: Deutsche Bahn AG / Anastasia Schuster

bestand. Nicht nur bei den Politikerinnen war die Begeisterung groß, auch die Medien sprangen alle auf diesen Zug und sogar in Brüssel nahm man von dieser Aktion Kenntnis. Die EU schickte Adina Vălean, EU-Kommissarin für Verkehr, die die DB als vorbildlich lobte. Zum »Netzwerk der Frauen« gehören inzwischen 4.200 Kolleginnen aus ganz Deutschland.

Von der Lokführerin – ja, auch die DB-PR verwendete diesen Begriff für unsere Triebfahrzeugführerin Claudia – bis zur Zugchefin taten ausschließlich Frauen in diesem mit einer attraktiven Grafik gebrandeten Zug ihren Dienst. In einem Sonderwagen boten die Organisatorinnen für dutzende DB-Kolleginnen und Gäste ein spezielles Programm. Auch entlang der Strecke – in Stellwerken, an Bahnhöfen und auf Baustellen – waren verstärkt Mitarbeiterinnen im Einsatz. In Halle und Nürnberg gaben Kolle-

Wussten Sie schon?

Bei der DB AG arbeiten in Deutschland im Sommer 2022 rund 50.700 Frauen, das entspricht einem Anteil von 23,4 Prozent der Belegschaft. Der Anteil von Frauen in Führungspositionen liegt aktuell bei 25,5 Prozent. Er soll bis 2024 auf 30 Prozent steigen. Dazu wurde die Aktion »30 Maßnahmen für 30 Prozent« ins Leben gerufen.

Der Arbeitsplatz der Autorin, wenn sie mal keine ICE-Bücher schreibt. Claudia Franke durfte den Female ICE fahren. Bild: Deutsche Bahn AG / Anastasia Schuster

ginnen Informationsveranstaltungen, bei denen sie interessierten Frauen so einiges über Jobprofile und spannende Projekte erzählten. Über 500 DB-Mitarbeiterinnen beteiligten sich am Female ICE.

Ulrike Scharf, die bayerische Staatsministerin für Familie, Arbeit und Soziales, und Ulrike Haber-Schilling, Vorständin DB Regio und Mitglied des Frauennetzwerks, schickten den Zug wurde am Morgen in München auf die Reise. Frau Haber-Schilling sagte bei dieser Gelegenheit: »Frauen sollen sich trauen, sollen sich sichtbar machen – das kann man gar nicht oft genug betonen und fordern. Mit diesem Leuchtturmprojekt ›Female ICE‹ wollen wir Mädchen und Frauen ermutigen, stets ihren eigenen Weg zu gehen. Der Zug ist heute fest in weiblicher Hand – und auch das zeigt, wie viel Frauen bei der Bahn bewegen.«

War es dieser Ansporn? Jedenfalls kam der Female ICE auf die Sekunde genau in Berlin an, wo die Regierende Bürgermeisterin Franziska Giffey und Martin Seiler, Vorstand Personal und Recht bei der DB, am Hauptbahnhof für einen grandiosen Empfang sorgten. Und endlich durfte auch ein Mann etwas beitragen: »Wir brauchen deutlich mehr Frauen in Technikberufen und Führungspositionen. Der ›Female ICE‹ ist ein großartiges Projekt, mit dem wir erneut auf die DB als attraktive Arbeitgeberin aufmerksam machen. Ich bedanke mich bei den zahlreichen Kolleginnen, die mit viel Herzblut daran gearbeitet haben, diesen besonderen Zug auf die Schiene zu bringen. Wir haben vielfältige Maßnahmen im Portfolio, um den Frauenanteil bei der DB zu erhöhen. Das ist für den DB-Konzernvorstand ein zentrales Anliegen. Und: Jede Kandidatin ist für uns wichtig! Dass die Einstellungszahlen steigen, ist bereits ein großer Erfolg.«

Claudia Franke und ihre Kolleginnen genossen es, einmal im Mittelpunkt zu stehen und der Öffentlichkeit zeigen zu dürfen, was sie alles auf dem Kasten haben, Besonders im Lokführerberuf sind Frauen echte Exotinnen. Es sind gerade mal fünf Prozent. Das wird sich in Zukunft sicherlich ändern, auch dank solchen Maßnahmen wie dem Female ICE. Wer mehr über die Hintergründe erfahren will, sollte sich auf die Internetseite »https://bewegendefrauenamzug.de« begeben. Dort gibt es auch die Porträts einiger der Macherinnen – wenn auch nicht derjenigen Damen, die den Zug von München nach Berlin brachten.

Männer hielten sich dezent im Hintergrund. Dieser Tag gehörte allein den Frauen von DB und Politik. Bild: Deutsche Bahn AG / Anastasia Schuster

Pünktlichkeit der Bahn

94

Ein heißes Thema

Zugverspätungen sind ein Problem, mit dem sich die Bahn seit Jahren konfrontiert sieht. In der Tat gibt es da viel zu tun, doch wenn man die nackten Zahlen betrachtet, stellt man fest, dass der ICE deutlich pünktlicher ankommt als die anderen Züge. Die DB hat neben der Modernisierung der Flotte und einem besseren Reparatur- und Instandhaltungskonzept die Modernisierung der Bahninfrastruktur in Angriff genommen. Ein wichtiger Faktor kann allerdings nicht so einfach verbessert werden: der Personalmangel. Übermüdete und überlastete Beschäftigte dürfen kein Dauerzustand bleiben.

95

Der Öko-ICE

Der grüne Streifen des ICE ist wohlverdient

Ökostrom-Anteil wächst
im DB-Bahnstrom

Der DB-Fernverkehr fährt bereits seit 2018 mit 100 Prozent Ökostrom. Bis 2038 stellt die DB den Bahnstrom auch im Regional- und Güterverkehr vollständig auf Ökostrom um.

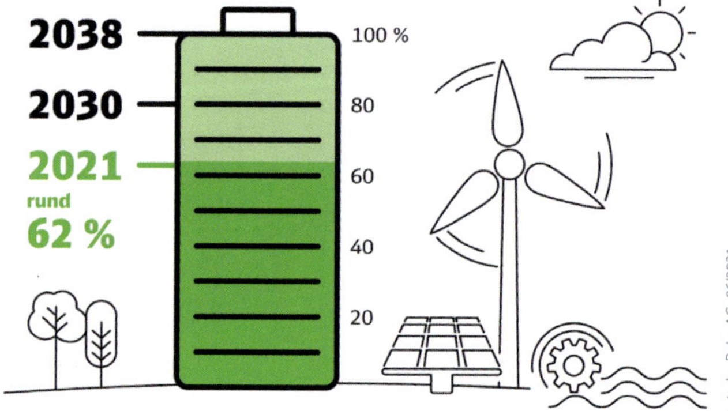

ICE-Probleme

96

Anfangs war ein Techniker an Bord

Die Technik der vielen ICE-Züge ist so weiterentwickelt, dass immer weniger Probleme auftauchen. Triebköpfe besitzen GTO-Module oder IGBT-Stromrichter, die eine höhere Leistungsfähigkeit und somit eine sehr niedrige Ausfallquote gegenüber den Thyristoren besitzen. Störungen ergaben sich anfangs im Maschinenraum. Hohe Außentemperaturen führten dazu, dass die Antriebsmotoren, Transformatoren und die andere Technik ziemlich stark erwärmt wurden und es somit zu Ausfällen kam. Die optimale Einstellung der Temperaturüberwachungen und die Kühlung der Steuerelektronik behob diese Störungsquellen.

Das Hauptproblem der Triebköpfe ist die Bugspitze aus Kunstfaser. Diese muss aufgrund von Suizidfällen und Pufferberührungen öfters ausgetauscht werden. Alle ICE-Züge wurden anfangs von Bordtechnikern begleitet. Sie konnten die meisten Fehler während der Fahrt beheben. Heute werden sie meistens nur noch auf Teilstrecken eingesetzt. Für größere Reparaturen wird eine längere Standzeit in einem Werk eingeplant, in der Regel nachts. Hier können in mehreren Stunden beispielsweise Radsätze getauscht werden oder Bugklappen beim ICE 3/ICE T ausgetauscht oder repariert werden.

Manche kleine Reparaturen, wie hier eine defekte Klappe, lassen sich auch schnell geschickt mit dem Bordwerkzeug durchführen. Bild: Claudia Franke

Eschede 1998

97

Das größte Unglück des ICE

Es war der schlimmste Eisenbahnunfall im Deutschland der Nachkriegszeit, als am 3. Juni 1998 der ICE »Wilhelm Conrad Röntgen« bei der Ortschaft Eschede entgleiste. Der Zug war von München losgefahren und befand sich auf der Strecke Hannover–Hamburg, als er aus den Gleisen sprang, mit einer Geschwindigkeit von 198 km/h gegen eine Brücke prallte und sie zum Einsturz brachte. Bei dem Unfall kamen 101 Menschen ums Lebens. Mindestens 88 Personen wurden teilweise schwer verletzt.

Ausgelöst wurde das tragische Geschehen durch einen abgerissenen Radreifen, aber mehrere andere Umstände trugen zur Schwere des Unglücks bei. So hatte niemand die Notbremse gezogen, obwohl ein Teil des Reifens den Fußboden durchbohrt hatte. Vor dem Bahnhof Eschede kam es schließlich zu weiteren Schäden und zum Entgleisen mehrerer Wagen.

An der Unglücksstelle wurde eine Gedenkstätte eingerichtet. Zwanzig Jahre nach dem Unfall wurde hier der Opfer gedacht. Bild: Claudia Franke, kleines Bild: Nils Fretwurst

So sah die Unfallstelle am 3. Juni 2018 aus. Bild: Claudia Franke

Gedenktafeln mit den Namen der Opfer. Die Menschen stammten aus dem ganzen Bundesgebiet. Die Deutsche Bahn gedenkt ihrer in Würde. Bild: Claudia Franke

ICE von Schafen gestoppt

Der Unfall im Landrückentunnel

98

Angesichts der Kilometer, die die ICE-Züge seit ihrer Einführung am 29. Mai 1991 absolviert haben, ist die Zahl der Unfälle glücklicherweise sehr gering. Dennoch kommt es immer wieder zu Zwischenfällen, bei denen auch Menschen zu Schaden kommen. Ein bekannter Vorfall ereignete sich am 26. April 2008. Ein Hund hatte 20 bis 30 Schafe aufgeschreckt, die daraufhin in den Landrückentunnel rannten. Gegen 21 Uhr kollidierte ICE 782 (München–Hamburg) bei 230 km/h mit einem der Schafe und kam mit einer Schnellbremsung zum Stehen. Der ICE verkehrte nach einer Sichtprüfung und der Rücksprache mit dem Fahrdienstleiter signalgeführt nach wenigen Minuten weiter. Ein paar Minuten später knallte ICE 885 (Triebzug 111 »Nürnberg«) mit 210 km/h auf die Herde. Der Triebkopf entgleiste mit dem vorderen Radsatz, in einer Weiche entgleiste der Triebkopf komplett und wurde gegen die Tunnelwand gedrückt. Das komplette Gleisbett wurde dabei zerstört. Auch der hintere Triebkopf entgleiste, zehn Wagen kippten nach links und ragten in das Lichtraumprofil des Gegengleises. Der Lokführer gab noch einen LZB-Nothalt für das Gegengleis sowie einen Notruf ab. Nach einer halben Minute kam der Zug zum stehen, nachdem er das komplette Gleisbett im Tunnel regelrecht durchpflügt hatte. Der Tunnel war voller Staub, die Beleuchtung im Zug fiel aus und der Gestank der Tierkadaver quälte die Menschen.

Im Zug befanden sich 148 Reisende, davon wurden 21 Reisende und der Triebfahrzeugführer schwer verletzt. Der Sachschaden belief sich auf über zehn Millionen Euro. Die Bergung der Fahrzeuge erwies sich als schwierig, da der 10.779 Meter lange und längste Tunnel Deutschlands nur vom Südportal aus befahren werden konnte. Rund 1,6 Kilometer Oberbau mussten erneuert werden. Doch schon Mitte Juni 2008 war der Tunnel wieder auf beiden Gleisen befahrbar.

Beiden Triebfahrzeugführern konnte kein Fehlverhalten nachgewiesen werden. Auch die zuvor vom Lokführer des ICE 782 abgegebene Meldung über den Zusammenprall mit einem Schaf hätte den nachfolgenden Unfall nicht verhindern können. Ein Glück war, das sich zum Unfallzeitpunkt nicht beide Züge gleichzeitig im Landrückentunnel befanden. Dies hätte bei den Geschwindigkeiten beider Züge über jeweils 200 km/h und der Entgleisung des ICE 885 ein schweres Unglück nach sich gezogen.

Luther und der ICE

Bei der Namensgebung gab es Ärger

Es war eine gern geübte Tradition, ICEs zu taufen. Für die neuen ICE 4 hatte man sich gedacht, historische Personen als Paten zu verwenden. Man gab sich alle Mühe: Die Bürger konnten selbst Vorschläge machen. 19.400 Menschen beteiligten sich und abzüglich vieler Doppelter blieben über 2.500 Vorschläge übrig, aus denen eine Jury 25 Namen auswählte. So weit so gut. Der erste Name war auch bald gefunden: Martin Luther. Die Taufe fand am 7. November 2016 im Berliner Hauptbahnhof statt. Doch dann wollte man einen Zug nach Anne Frank benennen.

Das empörte viele Leute und die gut gemeinte Idee, das Mädchen, das von den Nazis ermordet worden war, zu ehren eskalierte zum Skandal. Statt der erhofften positiven Werbewirkung geriet die Bahn in einen Historikerstreit und zog die Notbremse. Seitdem verzichtet das Unternehmen auf die Benennung von Zügen nach Personen und kehrte zurück zu geografischen Begriffen. Einzig Triebzug 9006 stand letztlich da und konnte nicht anders: er durfte seinen Beinamen Martin Luther behalten und ist damit der einzige, der nach einer historischen Persönlichkeit benannt wurde.

Die Benennung nach Städten oder Regionen gestaltete sich für die Deutsche Bahn deutlich einfacher als nach historischen Personen. Bild: Claudia Franke

Die ICE-Garnituren

100

Alle Baureihen in Zahlen

Eine hervorragende Übersicht über die ICE-Garnituren gab die Deutsche Bahn AG 2021 heraus. Hier sieht man auf einen Blick die verschiedenen Baureihen mit den Daten der Inbetriebnahme, der aktuellen Stückzahl und der Anzahl der Sitzplätze, die in den verschiedenen Zügen angeboten werden. Spitzenreiter sind die dreizehnteiligen Einheiten des neuen ICE 4, die sogar 918 Passagiere an Bord nehmen können.

Die ICE-Flotte

Baureihe	Inbetrieb-nahme	Anzahl[1] 2021 / 2023 / 2026	Sitz-plätze	Max km/h
ICE 3 neo	2023	0 / 10 / 30	439	320
ICE 4 (BR 412)	2017	67 / 108 / 137	444-918	250-265[2]
ICE 3 (BR 403, BR 406, BR 407)	2000/4 (Redesign: seit 2017)	82[3]	419-450	320-330
ICE T (BR 411, BR 415)	1999 bzw. 2004	70	250-376	230
ICE 2 (BR 402)	1995 (Redesign: 2011)	44	381	280
ICE 1 (BR 401)	1991 (Redesigns: 2005 und seit 2020)	58	503-703	280

[1] Anzahl zu Beginn des jeweiligen Jahres | [2] Demnächst verfügbar | [3] Inklusive 3 Züge von Nederlandse Spoorwegen

Deutsche Bahn AG, 05/2021

Der ICE-Rekord

101

Fahrt zum Geschwindigkeitsrekord

Nach dem Geschwindigkeitsrekord, den der TGV 1981 aufgestellt hatte, sollte es einige Zeit dauern, bis die Bundesbahn in den Wettstreit um die höchste Geschwindigkeit eingreifen konnte. Voraussetzung dafür war eine geeignete Strecke. 1988 konnte die zwischen Würzburg und Hannover projektierte Neubaustrecke, die Würzburg über Fulda, Kassel und Göttingen mit Hannover verbindet, in längeren Abschnitten eröffnet werden.

Am 1. Mai 1988 – bis zur Fertigstellung der gesamten Strecke sollte es noch fast drei Jahre dauern – raste der InterCityExperimental, aus dem dann der ICE entstehen sollte, zwischen Würzburg und Mottgers südlich von Fulda zu einem neuen Geschwindigkeitsweltrekord. 406,9 km/h zeigten die Messgeräte an. Der InterCityExperimental war bereits 1985 auf die Schienen gesetzt worden, doch ein Unfall verzögerte den Rekordversuch. Mit dieser eindrucksvollen Demonstration war der Durchbruch für den Hochgeschwindigkeits-Schienenverkehr in Deutschland gelungen, die Erfolgsgeschichte des ICE begann. Noch heute ist diese Marke deutscher Rekord. Die beiden Triebköpfe stehen in Minden und im Deutschen Museum.

Die Rekordstrecke verläuft durch das Sinntal. In der Bildmitte verlässt ein ICE den zwei Kilometer langen Sinnbergtunnel. Bild: J. Braukmann Milseburg/

Impressum

Verantwortlich: Lothar Reiserer
Redaktion: Michael Dörflinger
Korrektorat: Andreas Naumann
Umschlag: GM
Layout: Azurmedia, Augsburg
Repro: LUDWIG:media
Herstellung: Anna Katavic
Printed in Slovenia by Florjancic

Sind Sie mit diesem Titel zufrieden? Dann würden wir uns über Ihre Weiterempfehlung freuen. Erzählen Sie es im Freundeskreis, berichten Sie Ihrem Buchhändler oder bewerten Sie bei Ihrem nächsten Onlinekauf. Und wenn Sie Kritik, Korrekturen oder Aktualisierungen haben, freuen wir uns über Ihre Nachricht an GeraMond Media, Postfach 40 02 09, D-80702 München oder per E-Mail an lektorat@verlagshaus.de.

Unser komplettes Programm finden Sie unter 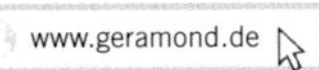

Bildnachweis Umschlag: Vorderseite – picture alliance/Geisler-Fotopress | Christoph Hardt/Geisler-Fotopress; Rückseite – Claudia Franke; Innenklappen – DB AG
Bild Seite 2: Claudia Franke

Alle Angaben dieses Werkes wurden vom Autor sorgfältig recherchiert und auf den neuesten Stand gebracht sowie vom Verlag geprüft. Für die Richtigkeit der Angaben kann jedoch keine Haftung übernommen werden, weshalb die Nutzung auf eigene Gefahr erfolgt.

In diesem Buch wird aus Gründen der besseren Lesbarkeit das generische Maskulinum verwendet. Weibliche und anderweitige Geschlechteridentitäten werden dabei ausdrücklich mitgemeint, soweit es für die Aussage erforderlich ist.

Die Deutsche Nationalbibliothek verzeichnet diese Publikation in der Deutschen Nationalbibliografie; detaillierte bibliografische Daten sind im Internet über http://dnb.d-nb.de abrufbar.

ISBN 978-3-96453-310-4